Uma história de penas
e prisões no Brasil

Séculos XVI a XX

Instituto de Direito Administrativo do Rio de Janeiro (IDARJ)
Rua México nº 119 10º Andar Centro Rio de Janeiro RJ
academico@idarj.com.br

Institutas

Editor-Chefe:
Emerson Affonso da Costa Moura (UNIRIO/UFRRJ)

Conselho Editorial:

Adriana Schier (UFPR)
Alexandre Santos de Aragão (UERJ)
André Saddy (UFF)
Cristiana Fortini (UFMG)
Emerson Affonso da Costa Moura (UNIRIO/UFRRJ)
Emerson Gabardo (UFPR)
Fabricio Macedo Mota (UFG)
José Carlos Buzanello (UNIRIO)
José dos Santos Carvalho Filho (FEMPERJ)
Manoel Messias Peixinho (PUC/UCAM)
Maria Sylvia Zanella Di Pietro (USP)
Mauricio Jorge Pereira da Mota (UERJ)
Patricia Ferreira Baptista (UERJ)
Thiago Marrara (USP)

Política Editorial:

Consulte o foco e escopo das publicações, as condições de submissão e o processo de avaliação, a política de ética e as diretrizes de boas práticas na publicação, bem como a política de privacidade e a licença dos direitos autorais no endereço:
www.idarj.com.br/publicacoes

Cinthia Rodrigues Menescal Palhares

Uma história de penas e prisões no Brasil

Séculos XVI a XX

Institutas
Rio de Janeiro
2022

CIP-BRASIL. CATALOGAÇÃO-NA-FONTE

Palhares, Cinthia Rodrigues Menescal
    Uma história de penas e prisões no Brasil : séculos XVI a XX / Cinthia Rodrigues Menescal Palhares. -- Rio de Janeiro, RJ : Institutas, 2022.

    Bibliografia.
    ISBN 978-65-84742-07-9

    1. Direito penal - Brasil - História 2. Penas - Leis e legislação - Brasil 3. Prisões - Brasil - História I. Título.

22-134788

CDU- 343 (81)

A Alexandra e Victoria,

pela inspiração do presente;

e esperança no futuro.

A Carlos Henrique,

pelo que vivemos e ainda viveremos.

A Papai e Vovó,

com as saudades infinitas de todos os dias.

PREFÁCIO

Foi com grande satisfação que recebi o convite para prefaciar o livro de Cinthia Menescal: "Uma história de penas e prisões no Brasil (séculos XVI a XX)". O interessante tema não tem recebido destaque no estudo do Direito Penal, mas contribuiria para a reflexão sobre a(s) finalidade(s) da pena e, igualmente, para a compreensão da evolução histórica das práticas punitivas, no mundo e em nosso País.

A presente obra se originou da profunda investigação levada a efeito pela prefaciada, por ocasião da elaboração da tese de doutorado, defendida no Programa de Pós-Graduação Stricto Sensu da Faculdade de Direito da Universidade do Estado do Rio de Janeiro (UERJ), da qual participei na condição privilegiada de seu orientador.

Todavia, e bem antes do mencionado doutoramento, fui colega da Autora na Defensoria Pública do Estado do Rio de Janeiro (DPGE). Devo, assim, deixar o testemunho da sua impressionante trajetória intelectual, materializada agora em um alentado estudo sobre uma temática lamentavelmente pouco abordada com a profundidade necessária em nosso ambiente acadêmico: o passado, o presente e, quiçá, o futuro da resposta punitiva estatal.

Agregue-se que a Autora aliou sua vocação científica à sua destacada experiência prática na área criminal, como Defensora Pública de Classe Especial do Estado do Rio de Janeiro. Ela é, ainda, Professora Associada da Universidade Federal do Estado do Rio de Janeiro (UNIRIO). Tais atributos estão, de fato, espelhados no caráter didático-pragmático do texto que ora é apresentado ao grande público.

Com efeito, desde a edificação da primeira cadeia pública em nossas terras – que, como registrado por Mem de Sá, ocorreu por ocasião da transferência da cidade de S. Sebastião do Rio de Janeiro, fundada pelo seu sobrinho no morro Cara de Cão (1565) para o Morro do Castelo (1567)[1] – até os dias atuais, onde se evidencia a existência de inúmeros prédios e equipamentos prisionais no Complexo de Gericinó, na mesmíssima cidade do Rio de Janeiro, muita coisa mudou na memória dos cárceres brasileiros.

Mas, também – e infelizmente –, muita coisa renitentemente perdura, como se observa, verbi gratia, pela situação degradante de algumas prisões, a lentidão na obtenção de alguns benefícios, bem assim a lamentável violação dos direitos fundamentais assegurados na Constituição, nas Regras Mínimas da ONU, no Código Penal, na Lei de Execução Penal e na legislação penitenciária dos Estados da Federação.

Esses e outros aspectos importantes da realidade prisional brasileira são retratados ao longo do livro. São questões abordadas – como dito –, com seriedade, zelo e dedicação. As assertivas da Autora estão sempre secundadas pelo devido suporte científico, sendo, de toda sorte, inconveniente mencioná-las nos limites de uma singela apresentação.

É convidativa, portanto, a leitura da presente obra jurídica.

---

[1] Como escrito por Mem de Sá: "E por o sítio onde Estácio de Sá edificou não ser para mais que para defender-se em tempo de guerra, com a presença de capitães e de outras pessoas que no dito Rio de Janeiro estavam, escolhi um sítio que parecia mais conveniente para edificar nele a cidade de São Sebastião, o qual sítio era de um grande mato espesso, cheio de muitas árvores grossas em que se levou assaz de trabalho em as cortar e limpar e edificar uma cidade grande. E fiz a igreja dos padres de Jesus onde agora residem, telhada e bem concertada, e a Sé de três naves, também telhada e bem concertada; a **cadeia pública**, a casa dos armazéns e para fazenda de Sua Alteza sobradadas e telhadas e com varandas. Mandei vir muitos moradores e muito gado para povoar a dita cidade, o qual se dá muito bem, pois já há grande criação." (Apud LEMOS BRITTO. Os sistemas penitenciários do Brasil. Vol. II. Rio de Janeiro: Imprensa Oficial, 1923).

Assim como eu, certamente o leitor irá se enriquecer intelectualmente com a qualidade do texto, a segurança das reflexões, bem assim a profundidade e – acrescento eu –, ineditismo da pesquisa científica levada a efeito pela Professora Doutora Cinthia Menescal.

ARTUR DE BRITO GUEIROS SOUZA
Professor Titular de Direito Penal da UERJ
Procurador Regional da República da 2ª Região
Coordenador Científico do CPJM e Editor-Chefe da R-CPJM

Sumário

Introdução

"Sua tese é sobre Direito, não sobre História" foi o que ouvi de meu orientador, ao relatar minhas atividades nos cinco meses anteriores. Mas como explicar que o que deveria ser apenas um ponto necessário no percurso de uma tese de doutorado, tomou vida própria e se tornou tão interessante quanto o objeto da investigação em si?

Àquela altura, tinha reunido material que, por si só, já valeria um artigo, uma monografia, uma dissertação ou até uma outra tese. Só que achei não cometeria a loucura de parar quase toda minha vida outra vez.

Daquela época, a vontade de mostrar aquele rascunho ficou guardada em algum lugar. Até a que a natureza decidiu mostrar à humanidade quem tem a última palavra sobre o ritmo da vida. Então, o vírus, que se espalhou mundo afora, me deu o tempo que eu jamais teria, além do próprio sentimento de urgência. De "viver tudo que há para viver", de fazer algo que "me deu na telha", de realizar desejos e concretizar projetos adormecidos.

Começo esclarecendo que não pretendi escrever uma obra de Direito Penal. E tampouco de História. Quis apenas contar um pouco da história do Direito Penal no Brasil, assunto que tanto me interessa, mas que não é contemplado nos currículos acadêmicos.

Em vários momentos, a estrutura deste livro pode parecer confusa. E é mesmo, porque retrata momentos da história do Direito

Penal, quando ele ainda não merecia maior atenção, quando as coisas aconteciam pelo impulso, desejo e ação dos mais fortes. Uma época na qual ele apenas começava a ser percebido como uma necessidade para os homens. Quer dizer: para alguns homens... para aqueles que tinham o poder de decidir sobre o destino de si mesmos e dos "inferiores".

Quando a punição passou a receber atenção das pessoas de luzes e um nome científico, o conhecimento começou a ser sistematizado e os institutos delineados, permitindo seu estudo. Aqui, busco apresentar um resumo das teorias que justificam e dão finalidade às penas criminais, criticadas desde que foram inventadas por poucos e para muitos.

A prisão, como conhecemos hoje, é uma invenção moderna, institucionalizada há apenas dois séculos, quando os homens perceberam que valiam mais vivos e inteiros, do que arrependidos da ofensa a Deus e ao rei, mas mortos ou mutilados. Quando a descobriram como o mais eficiente instrumento de contenção dos indomáveis, imprestáveis e dispensáveis.

Embora as circunstâncias possam ter variado, ela tem estado sempre ali, à disposição dos que decidem. Só que nem sempre a ideia principal foi prender, encarcerar, isolar. Antes, quando o temor divino justificava e ditava a ordem das coisas, machucaram-se muitos corpos e muitas almas de quem perdia o direito de ficar no seu mundo, mas tinha que viver neste mundo. Quando decidiram que ser moderno não era matar, nem machucar, mas prender os corpos e o tempo, começaram a pensar em como fazer isto e o que fazer com os encarcerados.

Desde sempre, a ideia tem sido muito ruim e seus resultados piores ainda e, embora as sociedades contemporâneas pareçam muito preocupadas com as alternativas, são pouco empenhadas em colocá-las em prática, já que lhes parece mais simples e eficaz manter no depósito os indomáveis, imprestáveis e, com o progresso, dispensáveis.

A perspectiva não é animadora, mas a sociedade não pode se permitir deixar de buscar outros caminhos.

Petrópolis (RJ), primavera de 2021.

CAPÍTULO 1

POR QUÊ E PARA QUÊ?

Com o surgimento da sociedade, vieram o crime e suas sanções, estabelecidos sob o conjunto de valores predominantes em cada agrupamento social. Em nome dos interesses sociais, recorre-se à pena, representada pela privação ou restrição de bens jurídicos do indivíduo condenado pela prática de fato definido em lei como crime.[2] Apesar de haver outras formas de controle social, é dela que o Estado faz uso para a tutela dos bens jurídicos penais, eleitos em uma determinada ordem sociopolítica.

Para cada modelo de Estado, há uma fundamentação especial do Direito Penal e, por consequência, novas concepções de pena; assim, suas funções estão intimamente ligadas àquelas atribuídas ao Estado. As funções do Direito Penal e as teorias da pena guardam uma estreita relação: em última análise, toda teoria da pena é uma teoria sobre a função que o Direito Penal deve cumprir.

Uma das questões mais recorrentes na Filosofia do Direito consiste em por que proibir, julgar e castigar? Qual a justificativa do direito de castigar? Ou do próprio *jus puniendi*? Qual a justificativa

---

[2] "A pena criminal é a sanção imposta pelo Estado e consistente na perda ou restrição de bens jurídicos do autor da infração, em retribuição à sua conduta e para prevenir novos ilícitos." (DOTTI, René Ariel. **Curso de Direito Penal**. Parte Geral, 2ª ed., Rio de Janeiro:Forense, 2004, p. 433).

para o fato de que, para a violência do crime, a resposta seja a violência do Estado contra seu autor?

De início, parece necessário sublinhar os três possíveis planos de resposta à pergunta: *função*, indicando os usos descritivos de tipo histórico e sociológico; *motivação*, indicando os usos descritivos de tipo jurídico; e *fim*, indicando os usos normativos de tipo axiológico.

O fim/finalidade - para que serve a pena? - opera no nível do dever ser (normativo ou dogmático). As respostas à indagação das motivações jurídicas das penas fornecem as teorias de base jurídica. As doutrinas axiológicas ou de justificação respondem as questões ético-filosóficas acerca do fim (ou fins) que o Direito Penal e as penas devem ou deveriam perseguir. Sob este aspecto, as missões designadas, pelo direito positivo, ao Direito Penal seriam a proteção dos bens jurídicos penalmente relevantes contra as condutas que os ofendam ou ameacem, a proteção do indivíduo e a garantia de aplicação dos princípios, direitos e garantias penais constitucionais. Por conseguinte, a legitimação do Direito Penal só pode ser considerada sob a ótica filosófica: qual o papel que realmente deveria ser cumprido pelo Direito Penal?

Enquanto isso, a função/fundamento da pena - para que serve a pena? - opera no nível do ser (de fato ou de direito), implicando em uma análise empírico-social descritiva (real, sociológica ou criminológica) sobre os reais efeitos da pena na sociedade. É sob esta perspectiva que há de indagar-se qual a função efetivamente desenvolvida pelo Direito Penal.

Estas respostas são agrupadas em duas ordens de ideias. Entre as primeiras, o discurso abolicionista, ou deslegitimador, representado pelo abolicionismo penal de Louk Hulsman[34] e pelo minimalismo

---

[3] "Se afasto do meu jardim os obstáculos que impedem o sol e a água de fertilizar a terra, logo surgirão plantas de cuja existência sequer suspeitava. Da mesma forma, o

radical de Alessandro Baratta e Eugenio Raúl Zaffaroni, tem por matriz teórica o abolicionismo penal.

As diversas vertentes apresentam em comum o fato de julgarem o Direito Penal e, em última instância, a própria sanção, desnecessários e antiéticos, propondo, por esta razão, a abolição ou, quanto mais não seja, a contração do sistema. Assim, os primeiros, substitucionistas, de matriz ideológica marxista, propõem a superação da pena por outros instrumentos de controle social informal (ex. justiça retributiva, conciliação penal); enquanto os moderados, ou reformadores, defendem um Direito Penal Mínimo, com a adoção de penas mais brandas e substitutivos penais.

De outro lado, o discurso justificacionista, ou legitimador, em suas origens sustentado pelas teorias clássicas, ou absolutas, de viés retribucionista, buscava, primeiramente, a expiação, a reparação e a compensação do mal do crime (*quia peccatum est*): devolver o mal pelo mal. O castigo expiava o mal (pecado) cometido e aquele que o cometeu agiu não só contra o soberano, mas contra Deus, a quem ele representava. A pena tinha um fim intrínseco - retribuir o mal causado - e seu fundamento confunde-se com sua própria natureza: é 2022simplesmente consequência jurídico penal do delito praticado.

Ao longo de sua evolução, as teorias legitimadoras serviram para fundamentar ou justificar a intervenção penal, enquanto as teorias

---

desaparecimento do sistema punitivo estatal abrirá, num convívio mais sadio e mais dinâmico, os caminhos de uma nova justiça." (HULSMAN, Louk; DE CELLIS, Jacqueline Bernat. **Penas Perdidas: o Direito Penal em questão**. Trad. Maria Lucia Karam. Niterói:Luam, 1993)

[4] Para Hulsman, o sistema penal elabora uma construção não realista do evento criminalizado, o que impede uma abordagem adequada. Impõe um só tipo de reação - punitiva - que não é a desejada pelas vítimas, nem tampouco adequada para a verdadeira solução do conflito. Segundo este autor, todos os conflitos devem ser abordados no contexto da dinâmica social e sem intervenção do sistema punitivo, que deveria ser abolido. (SILVESTRONI, Mariano H. **Teoría constitucional del delito**, Buenos Aires:Editores del Puerto, 2004, p. 45)

preventivas justificaram-na por seu fim ou finalidade. Assim, o fundamento ou função do Direito Penal, que justifica e legitima sua existência, não se confunde com a finalidade ou fim da pena, que nada mais é do que os objetivos de política criminal perseguidos por ela.

Com a concepção liberal de Estado, a pena passou a justificar-se como uma retribuição à perturbação da ordem jurídica; uma necessidade de restaurar-se a ordem social perturbada. A razão divina foi substituída pelas razões de Estado.

Trata-se da mais tradicional função atribuída à pena, mantendo adeptos desde a sua adoção como sanção, no início do século XIX, até meados do século XX: Kant (1724-1804), Hegel (1770-1831), Carrara (1805-1888), Binding (1841-1920), Mezger (1883-1962) e Welzel (1904-1977).

Diferentemente das teorias absolutas, as teorias relativas eram finais, legitimando a pena com a busca de sua utilidade, necessidade ou determinado fim. Apesar de reconhecerem seu caráter retributivo, traduzindo-se em mal para quem a sofre, incumbem-lhe de outra finalidade: a prevenção da prática do fato delituoso (*ut ne peccetur*). Neste sentido, as sanções teriam finalidade preventiva, com a função de inibir tanto quanto possível a criminalidade. A pena atuaria sobre a generalidade dos membros da comunidade, com a inibição de seus impulsos delitivos, e os afastaria da prática de crimes, por meio da ameaça penal, da realidade de sua aplicação e da efetividade de sua execução. Dentre seus adeptos, temos juristas e filósofos que, considerada a época em que viveram, já apresentavam uma visão progressista da sanção: Bentham (1748-1832), Beccaria (1738-1794), Filangieri (1752-1788), Schopenhauer (1788-1860), Feuerbach (1804-1872) e Von Liszt (1851-1919).

A sanção promoveria a intimidação da sociedade, em duas vertentes: pelo sofrimento infligido ao delinquente as pessoas, que, por receá-la, não cometeriam mais fatos delituosos (prevenção geral negativa ou intimidação); e pelo reforço da confiança na validade e vigência do ordenamento jurídico-penal e, por consequência, nos padrões de comportamento adequados às normas (prevenção geral positiva ou de integração).

Em relação aos indivíduos, se a pena tiver uma atuação preventiva sobre o delinquente em relação à reincidência, ela terá uma função preventiva especial ou individual. Na hipótese em que a pena funcione como meio de defesa social, segregando-o e neutralizando sua periculosidade, estaremos diante de uma prevenção especial negativa, ou neutralização.

Buscando a "emenda", a reforma moral do criminoso ou a prevenção da reincidência, mediante sua adesão aos valores da ordem jurídica, a pena pode ter função preventiva especial positiva, de socialização ou inserção social.

Desde o início do século XX, partindo da concepção funcional do Direito Penal como proteção da sociedade, as teorias unificadas buscaram mitigar as vicissitudes das anteriores, reunindo as funções declaradas, ou manifestas, de retribuição e prevenção - geral e especial - da pena, como aspectos diversos de um mesmo instituto, contemplando, assim, sua pluralidade funcional.[5] Em apertada síntese, poder-se-ia ter uma *"pena retributiva justa por meio da qual se realizam funções de prevenção geral e especial."*[6]

Desta forma, a pena, como a mais importante consequência do delito, tem por fundamento o injusto praticado, do qual deriva a necessidade de retribuição, pela compensação ou expiação do mal causado, que encontra limite na culpabilidade do autor. Como

---

[5] BITENCOURT, Cezar Roberto. **Falência da pena de prisão: causas e alternativas**, São Paulo: Saraiva, 4ª ed., 2ª tir., 2012, p. 150
[6] DIAS, Jorge de Figueiredo. **Direito Penal**, Parte Geral, Tomo I, 1ª ed.bras. e 2ª ed.port., São Paulo: Revista dos Tribunais, 2007, p. 61

finalidades, apresenta a prevenção especial positiva, manifestada pela ressocialização do autor; a prevenção especial negativa, com sua segregação, ou neutralização; a prevenção geral positiva, é alcançada pelo reforço da confiança na ordem jurídica; e a prevenção geral negativa, pela intimidação da sociedade, diante da ameaça de sofrer os efeitos da aplicação da sanção penal.

Aceitando a retribuição como fundamento e a culpabilidade como limite da pena e tentando simplesmente agrupar suas finalidades preventivas, gerais e especiais, as teorias unificadoras incorreram nas mesmas inconsistências das concepções unitárias - retributiva ou preventiva - da pena. Daí o surgimento da teoria da prevenção geral positiva, dividida entre a prevenção geral positiva fundamentadora e a prevenção geral positiva limitadora, defendida por Santiago Mir Puig.

O autor esclarece que a retribuição não é um fim em si mesma, abandonando a concepção das teorias absolutas. As divergências surgem na hora de precisar, por um lado, a relação necessária entre a proporcionalidade com o crime e as necessidades de prevenção; e, de outro, o peso dos objetivos geral e especial, dentro da prevenção. Os "conservadores" tendem a destacar que o Direito Penal deve cumprir a função de prevenção geral, como uma finalidade implícita da retribuição e, por outro lado, por crer que ela possa ser alcançada mais satisfatoriamente através da pena justa, que teria o poder de exercer na sociedade o efeito inibidor positivo esperado. Afirmam que a função de proteção da sociedade há de se basear na função de realização de justiça.

Já os "progressistas" sustentam que a função do Direito Penal é apenas a proteção de bens jurídicos e que a gravidade do fato, bem como a culpabilidade de seu autor, constitui o limite do exercício desta função. Privilegia a prevenção especial, representada pelo objetivo de reintegração social do condenado, que assume maior relevância no momento de fixação da pena. Esta concepção revela uma mudança na abordagem das funções da pena: de uma perspectiva unitária, independentemente de seu momento de operatividade, a uma perspectiva diferenciadora, que distingue suas funções em cada um destes momentos.[7]

Sob esta ordem, as penas assumem funções variadas: no momento da cominação legal abstrata a pena tem finalidade de prevenção geral, seja negativa (intimidação), seja positiva (atribuir relevância ao bem jurídico protegido). Em sua aplicação, por meio da sentença penal condenatória, apresenta fim de prevenção geral (reafirmando a importância do bem jurídico violado), retribuição (retribuição justificada e limitada pela culpabilidade) e prevenção especial (atenuação da sanção originalmente cominada, privilegiando substitutivos penais: penas substitutivas, *sursis* etc.).[8]

Na execução penal, o fundamento declarado é a prevenção especial positiva, buscando proporcionar ao condenado condições para sua reintegração social, embora o que se perceba é apenas a função preventiva negativa de neutralização, representada pelo enclausuramento, com pouca assistência ao preso e sem oferta de condições propícias à sua efetiva reinserção social.[9]

Na redação de seu artigo 59, é observado que o Código Penal (Lei 7.209/1984) consagrou as teorias unificadoras, sob influência da Escola da Defesa Social[10] e da Nova Defesa Social[11], atribuindo

---

[7] MIR PUIG, Santiago. **Introducción a las bases del Derecho Penal**, 2ª ed., Montevideo:B de F, Buenos Aires: Euros, 2007, p. 60-61
[8] ROXIN, Claus. **Derecho Penal**. Parte General, trad. de Luzón Peña et alii, Madrid: Civitas, 1997, p. 78 e ss.
[9] *Ibidem*
[10] Movimento sistematizado inicialmente por Adolfo Prins (Cience pénale et droit positif (1899); La Défense Sociale et les transformations du droit pénal (1910)) e consagrado por Filippo Grammatica, para quem, em posição radical, a Defesa Social substituiria o próprio Direito Penal, consistindo na ação do Estado destinada a garantir a ordem social, mediante meios que importassem em sua própria abolição e dos

expressamente às penas as finalidades de retribuição (reprovação); prevenção geral (intimidação e manutenção da ordem jurídica, fortalecendo na sociedade os valores tutelados) e prevenção especial, tanto na dimensão negativa (incapacidade do preso cometer novos delitos durante a execução da pena), quanto na positiva (correção, reeducação ou ressocialização).[12]

Contudo, o ideal da prevenção especial positiva (ressocialização do criminoso) é desacreditado pela prática cotidiana. Se é verdade que o merecimento da pena é um aspecto concreto da justiça, sua existência

---

sistemas penitenciários vigentes, recebido com entusiasmo após a repressão e crueldade dos regimes derrubados pela guerra. (LINS E SILVA, Evandro. De Beccaria a Filippo Gramatica. In: ARAÚJO JÚNIOR. João Marcello. **Sistema penal para o terceiro milênio: atos do colóquio Marc Ancel**. Rio de Janeiro:Revan, 1991, p. 17-43)

[11] Em sua evolução, o Movimento de Defesa Social não apresentava uma unidade de pensamento, mas uma concepção crítica do fenômeno criminal, com uma posição reformista, porém moderada, em relação à atividade punitiva do Estado. Sua abordagem não era apenas dogmática, mas incluía uma perspective mais abrangente, com influxos da Criminologia, Sociologia e Antropologia. Em 1954, a Sociedade Internacional do Direito Penal apresentou um Programa Mínimo, com os princípios básicos do movimento. No mesmo ano, Marc Ancel publicou A Nova Defesa Social, marco desta ideologia que tinha como postulados o limite ao tecnicismo, com a valorização das ciências humanas e sociais, no estudo do fenômeno criminosos, desenvolvendo uma política criminal, a personalidade do delinquente, afastando a finalidade retributiva das sanções, reinserção social do criminoso e a distinção entre Direito Penal, Criminologia e Política Criminal. A defesa social, consistia na proteção dos indivíduos, por meio da prevenção do crime e da ressocialização do criminoso. (MENDES, Nelson Pizzotti. A Nova Defesa Social: verificação da obra de Marc Ancel. **Justitia**, v. 36, n. 85, Ministério Público do Estado de São Paulo, 1974 p. 9-27. Disponível em https://www.lexml.gov.br/urn/urn:lex:br:rede.virtual.bibliotecas:artigo.revista:1974;1000350804. Acesso em 20 mar.2020

[12] "Dos son, pues, los aspectos que debe adoptar la prevención general en el Derecho penal de un Estado social y democrático de Derecho: junto al aspecto de prevención intimidatoria (también llamada prevención general especial o negativa), debe concurrir el aspecto de una prevención general estabilizadora o integradora (también denominada prevención generala positiva)" (MIR PUIG, Santiago. **Funcion de la pena y teoria del delito en el estado social y democratico de derecho**. 2ª ed., Barcelona: Bosch, 1982, p. 31)

não pode ser legitimada apenas pela retribuição. É exatamente a prevenção especial positiva - reintegração social do preso - que deve receber maior atenção, pois, no mais das vezes, a classe econômica e social demanda uma sanção que contemple suas vulnerabilidades (trabalho, educação, assistência social e psicológica). Entretanto, ela não deve ser obtida coativamente, mas sim respeitada a sua individualidade, como direito fundamental.

> Uma concepção unitária da pena, que encontre sua justificação no delito praticado e na necessidade de evitar a comissão de delitos no futuro, isto é, que considere que a pena não só há de ser justa, senão também necessária, satisfaz, em maior medida aos reclamos de um Estado social e democrático de Direito, ao proporcionar um sólido fundamento à exigência de proporcionalidade entre os delitos e as penas.[13]

Historicamente, a prisão é uma pena destinada ao fracasso, quaisquer que sejam os fins perseguidos. Em nossos dias, no sistema prisional brasileiro, a finalidade declarada da pena de ressocialização do condenado não tem sido alcançada, como demonstram as altas taxas de reincidência.[14] Nos padrões gerais de execução da pena privativa de liberdade, o Estado tem se contentado apenas com a função de

---

[13] CEREZO MIR, José. Direito Penal e Direitos Humanos: experiência espanhola e europeia. **Revista Brasileira de Ciências Criminais**, ano 2, número 6. São Paulo: Revista dos Tribunais, 1994, p.35.
[14] No Brasil, embora não haja dados disponíveis, há um consenso, na comunidade jurídica e na sociedade, que a taxa de reincidência criminal no Brasil supera 70%. (BRASIL. Ministério da Justiça. Ministério da Justiça, DEPEN. Levantamento Nacional de Informações Penitenciárias. Jul. a Dez. 2021. Acessível em https://www.gov.br/depen/pt-br/servicos/sisdepen. Brasília. Acesso em 22 mar. 2022

segregação ou neutralização, já que, de outra forma, não seria possível gerir um contingente de mais de 670.000 presos.[15]

Nem mesmo a excepcionalidade de uma pandemia global, fez os números arrefecerem, mesmo com a edição da Recomendação 62/2020 do Conselho Nacional de Justiça[16]. Diante de sua inobservância pelas diversas cortes do país, em 13 de maio de 2020, foi ajuizada a Ação de Descumprimento de Preceito Fundamental 684[17], pleiteando, junto ao Supremo Tribunal Federal, a determinação de medidas obrigatórias para preservar a saúde das pessoas presas durante a pandemia, cujo julgamento ainda não ocorreu.

---

[15] BRASIL. Ministério da Justiça, DEPEN. Levantamento Nacional de Informações Penitenciárias. Jul. a Dez. 2021. Acessível em https://www.gov.br/depen/pt-br/servicos/sisdepen. Acesso em 22 mar. 2022

[16] BRASIL. Conselho Nacional de Justiça. Recomendação nº 62 de 17.03.2020. Acessível em https://www.cnj.jus.br/wp-content/uploads/2020/03/62-Recomenda%C3%A7%C3%A3o.pdf. Acesso em 28 mar. 2021

[17] BRASIL. Supremo Tribunal Federal. Ação de Descumprimento de Preceito Fundamental 684/2020/DF. Número Único 0092447-20.2020.1.00.0000. Requerente: Partido Socialismo e Liberdade (PSOL). Disponível em https://redir.stf.jus.br/estfvisualizadorpub/jsp/consultarprocessoeletronico/ConsultarProcessoEletronico.jsf?seqobjetoincidente=5910249. Acesso em 28 mar. 2021

CAPÍTULO 2

O BRASIL DAS ORDENAÇÕES DO REINO

Embora a prisão esteja associada à ideia de inércia - contenção do indivíduo em um determinado espaço e tempo - a pena está em constante mutação, adaptando-se constantemente a circunstâncias espaciais e temporais. Sua importância pode ser avaliada pelas imposições culturais, em dado momento histórico-social, variando, portanto, não só em relação a essas dimensões, mas igualmente em relação ao grupo social.

Como visto, ao longo da História, percebe-se que os sistemas punitivos, assim como suas variações, são conformados pelas diferentes fases do desenvolvimento econômico e social. Ressalte-se que muito mais ligados ao modelo de desenvolvimento econômico, do que à ideologia vigente em seus momentos históricos (*v.g.* a permanência da escravidão no chamado período humanitário do Direito Penal). Assim, é possível afirmar que os sistemas penais - função e espécies de pena - sofrem influência determinante dos sistemas de produção.[18]

Nos limites deste trabalho, a pena é examinada a partir da Idade Moderna (1453-1789) - denominação mais aceita entre as correntes historiográficas - e da constituição dos Estados Nacionais, pois, até

---

[18] RUSCHE, Georg; e KIRCHHEIMER, Otto. **Punição e Estrutura Social**, p.23; MELOSSI, Dario e PAVARINI, Massimo. **Cárcere e fábrica. As origens do sistema penitenciário (séculos XVI – XIX)**. Coleção Pensamento Criminológico, Rio de Janeiro: Instituto Carioca de Criminologia/Revan, 2006, p. 11

então, o crime, o criminoso e pena a ele imputada foram pensados sob a perspectiva das diferentes sociedades segmentadas nos feudos.

Este período coincide com praticamente toda a vigência das Ordenações (1500-1830) em território brasileiro, na condição de Colônia, Reino Unido de Portugal, Brasil e Algarves, até a Constituição Política do Império de 1824[19]. Trata-se de um período histórico riquíssimo, marcado por profundas transformações, dentre as quais se destacam os Grandes Descobrimentos, com a formação dos grandes impérios coloniais; a transição do sistema feudal para o sistema capitalista; além da fome, pestes e guerras, que dizimaram milhões de pessoas. Este conjunto de fatos, com suas interrelações, teve profunda repercussão na história das penas.

Embora alguns autores, que têm como marco histórico o Descobrimento, considerem que as Ordenações Afonsinas (1500 - 1514), Manuelinas (1514-1603) e Filipinas (1603-1830) constituíram o sistema jurídico-penal do Brasil Colônia, há outros, que, estabelecendo seu início no processo colonizador, a partir da década de 1530, entendem que apenas as duas últimas regeram a vida colonial.

Em que pese a importância histórica das primeiras codificações, definiu-se o recorte histórico do estudo dos institutos penais no Brasil, a partir das Ordenações Filipinas. Isto porque eram uma versão aprimorada das legislações anteriores, sendo consideradas a origem do

---

[19] IMPERIO DO BRAZIL. **Carta de Lei de 25 de março de 1824**. Manda observar a Constituição Politica do Imperio, offerecida e jurada por Sua Magestade o Imperador. 1824, Parte 1ª, Rio de Janeiro:Imprensa Nacional, 1886. Disponível em https://www2.camara.leg.br/atividade-legislativa/legislacao/colecao-anual-de-leis/copy_of_colecao2.html. Acesso em 13 jun. 2020
BRASIL. **Constituição Política do Império do Brazil (de 25 de março de 1824)**. Constituição Política do Império do Brasil, elaborada por um Conselho de Estado e outorgada pelo Imperador D. Pedro I, em 25.03.1824. Disponível em http://www.planalto.gov.br/ccivil_03/constituicao/constituicao24.htm. Acesso em 13 jun. 2020

Direito Penal brasileiro, já que, como uma compilação legal coerente e homogênea, regeram a maior parte de sua vida colonial, vigendo até os primeiros tempos do período pós Independência.

2.1 Colônia do Reino de Portugal

O Concílio de Trento[20] (1540-1560), convocado para discutir a unidade da fé e sua preservação, bem como manter controle sobre o comportamento de indivíduos comuns e religiosos, dividiu a Europa, entre reformistas (protestantes) e católicos (contrarreformistas), entre os quais despontavam os Estados ibéricos. Em oposição, ficaram a Holanda, Inglaterra e Alemanha, onde Lutero, Calvino e Henrique VIII promoviam uma verdadeira reforma religiosa, contestando os dogmas e poder da Igreja de Roma; e a revolução científica de Galileu e Copérnico acontecia.

Em consequência, as ideias renascentistas e as inovações científicas e filosóficas foram afastadas da sociedade portuguesa, fechada em crenças religiosas, que pregavam a renúncia, o servilismo e a disciplina, e profundamente submissa ao poder da Igreja de Roma, que determinava os rumos e comportamentos da sociedade.

O obscurantismo e perseguição religiosa, insuflada por interesses econômicos de "cristãos velhos", influenciou a decisão de D. João III, o Piedoso, de conseguir a bula papal para a instituição da

---

[20] "Sua importância para a Igreja, todavia, não pode ser superestimada. Ofereceu condições para a Igreja recobrar as forças da ortodoxia que estavam dispersas e desorganizadas e conferiu uma base sólida de dogma e disciplina, a partir da qual novos avanços poderiam ser realizados. Acima de tudo, trouxe todo o peso da autoridade para reprimir abusos facilmente notados que causaram a ruptura do governo eclesiástico – a ausência dos bispos e pastores dos locais em que deveriam exercer suas funções, o pluralismo ou a acumulação de benefícios, a negligência para com a oração, o descuido com a educação clerical e muitos outros." (DAWSON, Christopher. **A Divisão da Cristandade. Da Reforma Protestante à Era do Iluminismo.** São Paulo: É Editora, 2014, p. 191)

Inquisição em Portugal. Afinal, a Igreja era fundamental à garantia de uma unidade ao Estado e conferia prestígio e legitimidade às monarquias absolutistas. A contrapartida era a intolerância religiosa como sinal de lealdade.

Com uma comunidade judaica estimada em 230 mil espanhóis expulsos de seu país pelo Decreto de Alhambra (1492), o rei de Portugal, D. Manuel I, ao se casar com a espanhola D. Isabel assumiu o compromisso de expulsar os judeus de Portugal.[21] Assim, na véspera de Natal de 1496 foi expedido um édito – "Que os Judeus e Mouros forros se saiam destes Reinos e não morem, nem estejam neles" - decretando sua expulsão, sob pena de morte e confisco de bens.[22]

Para evitá-la, era obrigatória a conversão ao catolicismo, ainda que, na esfera privada, continuasse a professar a fé judaica (cripto-judaísmo). Na esperança de escapar do fanatismo e opressão religiosa, da discriminação e da pesada tributação, decidiram arriscar-se na

---

[21] REMÉDIOS, J. Mendes dos. Os judeus em Portugal, Coimbra: F. França Amado, 1895, p. 331 e ss.

[22] Na Páscoa de 1497, D. Manuel I mandou que os judeus menores de 14 anos fossem entregues a famílias cristãs e, em seguida, jovens de até 20 anos. Contra a medida, muitos pais degolaram ou lançaram os filhos em poços e rios. O rei restringiu ainda o número de portos de embarque para aqueles que queriam sair do reino, concentrando cerca de 20 mil pessoas no Palácio dos Estaus (futura sede da Inquisição), sem dar comer ou beber, até serem persuadidos por dois judeus conversos. Alguns foram batizados a força, outros se suicidaram em cisternas e poços e o restante se tornou escravo do rei, mesmo convertidos com a condição de terem seus filhos devolvidos e não serem investigados por motivos religiosos por 20 anos. Daí a origem do cripto-judaísmo. Se depois de 20 anos, se o cristão-novo fosse acusado de judaizar, teria direito de defesa. Caso fosse comprovada a heresia, seus bens seriam confiscados e entregues a herdeiros cristãos. Mesmo com o acordo, muitos cristãos novos optaram por sair do país. Temendo a fuga das maiores fortunas do país, D. Manuel proibiu os negócios com judeus e a saída dos convertidos sem sua autorização, sob pena de confisco de bens, além de proibir o casamento entre cristãos-novos. (OLIVEIRA, Maria José. O dia em que os judeus foram expulsos de Portugal. Observador, 29 dez. 2016. Disponível em https://observador.pt/especiais/o-dia-em-que-os-judeus-foram-expulsos-de-portugal. Acesso em 1 jul. 2021)

migração para o desconhecido e longínquo território da América portuguesa. Numa das primeiras expedições, veio o cristão-novo Fernando de Noronha, que, em 1504, arrendou a terra de Santa Cruz (Arquipélago de Fernando de Noronha), com o compromisso de construir feitorias pela concessão da exploração do pau-brasil.

No Brasil, a presença portuguesa inicialmente concentrava-se em feitorias, localizadas no litoral, apenas como um ponto estratégico para as viagens portuguesas. Contudo, a parca ocupação do território dava oportunidade às invasões francesas. A ameaça constante somada ao declínio no comércio com as Índias impeliu os esforços de colonização das novas terras.

A solução adotada foi o sistema de capitanias hereditárias, pelo qual faixas de terra com 60 léguas de largura do litoral até a linha divisória do Tratado de Tordesilhas eram transmitidas, por Cartas de Doação, a capitães-donatários, que pertenciam à baixa nobreza e cristãos novos, como Duarte Coelho (Pernambuco) e Martim Afonso de Souza (São Vicente). A Carta Foral fixava as responsabilidades do donatário e lhes garantia o direito de dividi-las em sesmarias para a criação de uma estrutura administrativa, nas esferas judicial, econômica, fiscal e militar, e a nomeação dos oficiais respectivos.

A primeira divisão territorial foi feita por 15 faixas de terras, distribuídas em 14 capitanias: Maranhão I, Maranhão II, Ceará, Rio Grande, Itamaracá, Pernambuco, Bahia de Todos os Santos, Ilhéus, Porto Seguro, Espírito Santo, São Tomé, São Vicente, Santo Amaro e Santana. As capitanias dividiam-se em comarcas, termos e com a divisão eclesiástica em freguesias.

Com o poder paralelo da Igreja, com quem dividia a receita dos dízimos, havia uma divisão episcopal a partir da criação de bispados: Bahia (1551), Rio de Janeiro (1676), Maranhão (1677), Pará (1719), Mariana (1745) e São Paulo (1745).

O sistema de justiça criminal foi transposto da legislação e instituições portuguesas, sem nenhuma identidade com a realidade colonial e ignorando o direito indígena. Foram desconsideradas as particularidades e a extensão do novo território, a distância transatlântica de Portugal e arbitrariedades do próprio regime. Todos os conflitos ocorridos aqui eram processados perante Lisboa, que tinha competência para julgá-los.

A partir de sua efetiva implantação, em 1532, o direito aplicado ficava a critério dos donatários (capitães-mores), cujo poder de julgar era ilimitado, excessivo, até mesmo sobre a vida e morte de pessoas de menor hierarquia acusadas de crimes. Como manifestação de poder, exercido em nome do soberano, os donatários eram verdadeiros senhores da justiça local, pois esta abrangia zelar pelo cumprimento das leis, evitar a criminalidade e outros abusos, além de fiscalizar os funcionários da Coroa. Eles tinham jurisdição civil e criminal, podendo até aplicar a pena capital; os recursos só eram possíveis, se o réu fosse um fidalgo. No entanto, não seria possível afirmar que houvesse um sistema ou regime jurídico a esta época[23], mas sim muitas arbitrariedades, sem a mínima organização.

Nossos nativos encontravam-se na fase da vingança privada, na qual vigia um direito consuetudinário, baseado em tabus, transmitido oralmente e dominado quase sempre pelo misticismo. As penas dos crimes de gravidade mediana eram aplicadas por um juiz; e dos mais

---

[23] "As cartas régias, alvarás, regimentos estabelecem regras particulares sobre os poderes das autoridades regionais, capitães-mores, governadores, etc., ou mesmo soluções especiais para certos fatos jurídicos, mas a substância do Direito eram as normas das Ordenações do Reino. Dentro delas foi que se desenvolveu mesmo aquela legislação própria da colônia, emanada da metrópole para aqui reger, ou aqui mesmo elaborada pelos poderes públicos da região, nos casos particulares em que isso se fazia. Nessas Ordenações se encontram, portanto, as fontes primitivas do Direito Penal Brasileiro." (BRUNO, Aníbal. **Direito Penal**, Parte Geral, Tomo I, Rio de Janeiro:Forense, 1978, p. 171)

graves, por um órgão colegiado - assembleia constituída em tribunal - no qual se aplicavam penas corporais, provações ou pena de morte.

Já o sistema judicial vigente entre nossos colonizadores, pelo menos até o século XVI, era semelhante ao das demais sociedades europeias: privatístico, de caráter oral e executado por juízes indicados pelos soberanos. Nos casos criminais, estes juízes aplicavam predominantemente pena de mutilação e morte por enforcamento; em menor escala, multa, confisco, degredo, ainda que com pequenas variações, de acordo com o delito cometido e a classe social à qual o infrator pertencia.[24]

> Os crimes eram punidos de acordo com a "qualidade" do infrator, fosse ele um "peão" ou um "fidalgo". Conforme as Ordenações Manuelinas, "peões" (ou "homens a pé", que não podiam servir ao rei a cavalo, como os "cavaleiros") eram pessoas de "baixa condição". A "pena vil" (pena de morte) e os açoites (em geral executados em público, nos pelourinhos) estavam reservados quase que exclusivamente a eles.
>
> Acima dos peões, escalonavam-se as pessoas de "maior condição": escudeiros, cavaleiros, vereadores, magistrados, escrivães – vários deles "fidalgos" ("filhos de algo"), tidos como "gente limpa e honrada" e, portanto, livres de açoites e da condenação à morte (a não ser em casos excepcionais).[25]

---

[24] SPIERENBURG, Peter. The body and the State. Early Modern Europe. *In*: MORRIS, Norval and ROTHMAN, David J. (Org.) *Op.cit* p. 48-49
[25] BUENO, Eduardo. **A coroa, a cruz e a espada. Lei, ordem e corrupção no Brasil Colônia. 1548-1558**. Volume IV, Coleção Terra Brasilis, Rio de Janeiro : Objetiva, 2006, p. 59

Em uma era marcada por violência de crimes passionais e patrimoniais, a ideia de justiça esteve muito mais associada a privilegiar a vontade do soberano sobre a vingança privada, tornando pública a justiça criminal. A administração da justiça era a mais importante manifestação de poder no absolutismo, personificada no rei. Ele devia ponderar vários interesses, inclusive pessoais, e garantir que cada um recebesse o que supostamente lhe era devido. A ideia de justiça estava mais ligada a uma sentença do que a leis, o que denotava seu caráter pessoal, retributivo, irregular e falho, aplicada por juízes arbitrários, ignorantes ou corruptos, características que, na maior parte dos casos, não se excluíam.

Em 1654, havia divisão entre o Estado do Brasil e o Estado do Maranhão e Grão-Pará. Em 1751, Estado do Grão-Pará e Maranhão. Em 1771, é separado em Estado do Maranhão e Piauí e em Estado do Grão-Pará e Rio Negro. Só foi integrado no Estado do Brasil com a chegada da Corte.

A organização institucional do reino de Portugal definiu a estrutura que seria implantada na Colônia na primeira metade do século XVI. Havia circunscrições judiciárias - Comarcas ou Ouvidorias Gerais - correspondentes às circunscrições políticas, chefiadas por um oficial nomeado em Lisboa, pela própria Coroa (corregedor) ou pelo senhor jurisdicional nobre ou eclesiástico (ouvidor). Estes, não tinham necessariamente formação acadêmica e, muitas vezes, a atividade judicial, que junto com as funções militares, administrativas e fiscais compunham a justiça, era exercida por um capitão-mor local.

Com a instalação do Governo Geral em 1548, na Bahia, foram instituídos os cargos de Governador-Geral, o Ouvidor-Mor e o Provedor-Mor. Nas capitanias, havia o Governador ou Capitão-General, Ouvidor e Provedor, mais assemelhados aos atuais cargos do Executivo e Judiciário. Entretanto, não havia a separação de poderes, nem a superioridade hierárquica do governador.

Progressivamente, o sistema judiciário evoluiu para um modelo hierarquizado, com a subordinação dos ouvidores senhoriais aos ouvidores da Coroa e destes aos desembargadores das Relações da Bahia e do Rio de Janeiro, e de todos eles aos tribunais superiores de Lisboa e ao Rei.[26] No Estado do Brasil, os Ouvidores-Gerais respondiam ao Tribunal da Relação da Bahia (1609-1626 e 1652) e, depois de 1751, também ao novo Tribunal do Rio de Janeiro. No Estado do Maranhão, até o início do século XIX, os recursos eram processados perante a Casa da Suplicação em Lisboa.

Contando com um crescimento populacional acelerado, principalmente entre 1720 e 1730 por conta da descoberta do ouro, e concentrada na faixa litorânea do nordeste e próxima aos portos do centro-sul.

> Desse modo, no início do século XIX, as capitanias de Pernambuco, Bahia e Rio de Janeiro concentravam cerca de 62% do total da população da América lusa, enquanto 19,7% se encontravam na capitania de Minas Gerais, equivalendo a um pouco mais de 400 mil habitantes.[27]

---

[26] CUNHA, Mafalda Soares da. e NUNES, Antônio Castro. Territorialização e Poder na América Portuguesa. A Criação de Comarcas, Séculos XVI-XVIII. Tempo (Niterói, online) | Vol. 22 n. 39. p.001-030, jan.- abr., 2016. Disponível em https://www.scielo.br/j/tem/a/cjnkhbptthtrndhhbvbqv7r/?lang=pt#. Acesso em 13 jun. 2020

[27] *Ibidem.*

SEDE	COMARCA	CAPITANIA	DESMEMBRAMENTO	DATA
Salvador	**Bahia**	**Bahia**	———	**1548**
Rio de Janeiro	**Rio de Janeiro**	**Rio de Janeiro**	Bahia	**1608**
São Luiz	**Maranhão**	**Maranhão**	Bahia	**1619**
Belém	**Pará**	**Grão-Pará**	Maranhão	**1652**
Olinda	**Pernambuco**	**Pernambuco**	Bahia	**1653**
Nossa Senhora das Neves	**Paraíba**	**Paraíba**	Pernambuco	**1688**
São Cristóvão	**Sergipe**	**Bahia**	Bahia	**1696**
São Paulo	**São Paulo**	**São Paulo**	Rio de Janeiro	**1700**
Santa Maria Madalena	**Alagoas**	**Bahia**	Bahia	**1709**
Vila Rica	**Ouro Preto**	**Minas Gerais**	São Paulo	**1711**
Sabará	**Rio das Velhas**	**Minas Gerais**	São Paulo	**1711**
São João d'El Rey	**Rio das Mortes**	**Minas Gerais**	São Paulo	**1713**
Vila do Príncipe	**Serro Frio**	**Minas Gerais**	Rio das Velhas	**1720**
Mocha	**Piauí**	**Piauí**	Maranhão	**1722**
Paranaguá	**Paranaguá**	**São Paulo**	São Paulo	**1723**
Aquiraz	**Ceará**	**Ceará**	Pernambuco	**1723**
Vila do Bom Jesus de Cuiabá	**Cuiabá**	**Mato Grosso**	São Paulo	**1728**
Vitória	**Espírito Santo**	**Espírito Santo**		
Vila Boa de Goiás	**Goiás**	**Goiás**	São Paulo	**1733**
Santo Antônio	**Jacobina**	**Bahia**	Bahia	**1734**
Santa Catarina	**Santa Catarina**	**Rio Grande de São Pedro**	Rio de Janeiro	**1749**
Cairu	**Ilhéus**	**Bahia**	Bahia	**1763**
Porto Seguro	**Porto Seguro**	**Bahia**	Bahia	**1763**

O Brasil de então era visto apenas como uma terra de exploração de mão de obra e riquezas, na qual vigia o Direito luso –

cartas de lei[28,] alvarás[29], decretos[30], leis gerais[31], forais[32], capítulos de Cortes[33], resoluções[34], provisões reais ou em forma de lei[35], portarias[36],

---

[28] Oriundas da chancelaria real, continham disposições destinadas a durar por período superior a um ano.

[29] Oriundas da chancelaria real, continham disposições destinadas a durar por período inferior a um ano.

[30] Destinavam-se a disciplinar casos particulares.

[31] A partir do século XIII, foram decretadas as leis gerais que valiam para todo território português e prevaleciam sobre as demais. Eram aprovadas pelas Cortes e posteriormente sancionadas pelo Rei. Inicialmente, as Cortes se compunham apenas de nobres e do clero; posteriormente, veio a admitir representantes populares, passando a ter as três classes – nobreza, clero e povo - representadas.

[32] Preocupados em atrair novos moradores, os reis frequentemente concediam certos favores e isenções aos que se dispusessem a cultivar a terra e estabeleciam, nas cartas de privilégio, os direitos e deveres que a eles cabiam em função da extensão da terra distribuída e dos frutos colhidos. Dentre as cartas de privilégio destacavam-se as cartas de foral ou simplesmente forais que concediam aos habitantes de determinada vila preexistente ou a fundar determinadas regalias, principalmente de caráter fiscal e administrativo. Os forais definiam também outros direitos decorrentes do comércio, cominavam penas aos delitos (quase sempre pecuniárias) e continham medidas de ordem pública (polícia, governo municipal). Embora outorgados pela autoridade, os forais confirmam em todo caso a predominância do direito local nesse período, já que, sendo concedidos a certo agrupamento de pessoas, faltava-lhes o caráter de generalidade que, para alguns, é atributo da lei. (VELASCO, Ignacio M. Poveda. Ordenações do Reino de Portugal. **Revista da Faculdade de Direito**, Universidade de São Paulo, n. 89, 1994, p.11-67. Disponível em https://www.revistas.usp.br/rfdusp/article/view/67236. Acesso em 18 jul. 2020)

[33] As Cortes, cujo apogeu foi no século XV, eram assembleias, que tinham uma função mais consultiva do que deliberativa e representavam uma instituição situada entre o soberano e o povo. Destas reuniões, lavrava-se um documento escrito: os capítulos. Os especiais, ou particulares, versavam sobre questões de incidência local, em relação aos quais os Procuradores se empenhavam em obter resposta do Rei. Os gerais incidiam sobre assuntos de interesse nacional ou regional e destinavam-se à comunicação e debate com os demais Procuradores. (NASCIMENTO, Renata Cristina de Sousa. As Cortes Portuguesas durante o governo de D. Afonso V. In: Congresso Internacional de História da UFG/Jataí, 2009, Jataí (GO), **Anais do II Congresso Nacional de História da UFG/Jataí – História e Mídia**. Jataí: CAJ, 2009. Disponível em < https://revistas.ufg.br/Opsis/issue/view/887> Acesso em 4 jul. 2020)

[34] Respostas às consultas apresentadas pelos tribunais, geralmente acompanhadas dos pareceres de seus juízes, sobre casos particulares, mas que tendiam a ter aplicação analógica.

avisos[37]. Esta profusão de normas era aplicada pelos donatários sobre os índios, escravos, peões e colonos, privilegiando os interesses do Império e a concentração de poder nas mãos da monarquia, por meio de seus representantes.[38]

No entanto, quando se tratava de regulamentar os interesses da metrópole na colônia, os governadores, como funcionários da Coroa, estavam submetidos às Ordenações e a leis específicas apresentadas por meio dos regimentos, alvarás, cartas-régias, decretos e leis: Lei de 5 de julho de 1526, de D. João III que determina a utilização nos feitos criminais das disposições sobre os feitos cíveis (artigo 42); Lei de 28 de janeiro de 1578, de D. Sebastião; Lei de 27 de julho de 1582 de Felipe II; Lei de 6 de dezembro de 1612 de Felipe III, sobre processo penal; e forais, dedicados majoritariamente à matéria criminal, com penas

---

[35] Ordens do soberano, provendo algo, requerido pelos particulares, mas seu conteúdo não estava dentro da competência régia. Assim, não derrogavam leis, mas dispunham com base nela. Havia também provisões que se expediam em consequência de decretos e resoluções régias que lhes eram dirigidas, as quais se deveriam considerar como um meio adotado para se fazerem notórias a todo o reino. Estas provisões tinham tanta autoridade como as determinações régias, mas propriamente falando não era lei, sim o decreto, ou resolução a que se refere. As provisões que eram propriamente lei eram aquelas que costumavam iniciar como os alvarás e eram assinadas pelo soberano. (COTTA, Francis Albert. **Entendendo a legislação portuguesa do século XVII. Subsídios para o entendimento do arcabouço formal da legislação portuguesa no século XVII.** [s.l.] [s.d.] Disponível em < http://www.fafich.ufmg.br/pae/apoio/subsidiosparaoentendimentodoarcaboucoformald alegislacaoportuguesa.pdf> Acesso em 5 mai. 2020)
[36] Ordens expedidas para aplicação geral.
[37] Ordens endereçadas a um determinado órgão, corporação, funcionário (ex. magistrados) ou particular.
[38] *"O modelo jurídico hegemônico durante os primeiros dois séculos de colonização foi, por consequência, marcado pelos princípios e pelas diretrizes do Direito alienígena – segregador e discricionário com relação à própria população nativa -, revelando, mais do que nunca as intenções e o comprometimento da estrutura elitista de poder."* (WOLKMER, Antônio Carlos. **História do Direito no Brasil**, 3ª edição, Rio de Janeiro:Forense, 2002, p. 49)

pecuniárias, por cada crime cometido, pagas ao Rei e senhores.[39] Os diplomas definiam suas linhas de atuação, incluindo inspeção e controle, e as sanções de acordo com a natureza das infrações.[40]

A administração da Colônia era repleta de conflitos de jurisdição, tema de grande parte da correspondência das autoridades locais, devido à limitação ao próprio poder. As disputas em torno da precedência e de protocolo refletiram os conflitos jurisdicionais: o poder se desenvolvia em rituais, nos quais as pessoas tinham um lugar e desempenhavam um papel definido. Assim, uma quebra de protocolo ou cerimonial equivalia a uma ruptura na hierarquia e na correlação dos poderes, negando a ordem social vigente e o status dos indivíduos.[41]

Apenas com a chegada da corte portuguesa para o Rio de Janeiro, em 1808, houve a instalação dos órgãos superiores da administração do Reino.

2.2 As Ordenações do Reino no Brasil

Desde a descoberta do território da América, as questões criminais restringiam-se aos confrontos com os nativos escravizados, à pirataria e ao contrabando.

No entanto, para a colonização do vasto território, era preciso povoá-lo não só com a baixa nobreza e indivíduos dispostos a se aventurar por uma nova vida, mas inclusive com pessoas "sem qualidade". Neste espírito, a partir de 1535, grande número de

---

[39] SECCO, António Luís De Sousa Henriques (1822 - 1892), Elementos De Direito Criminal, 1872-1876. Reimpressão Fac-Similar. Disponível Em https://pt.scribd.com/document/230247957/antonio-luis-de-sousa-henriques-seco-1822-1892-elementos-de-direito-criminal-1872-1876. acesso em 7 jul. 2020
[40] ROMEIRO, Adriana. **Corrupção e Poder no Brasil. Uma história, séculos XVI a XVIII**. Coleção História e Historiografia. Belo Horizonte:Autêntica, 2017, p.176-177
[41] *Ibidem*, p. 185q2

degredados veio cumprir pena na mais remota colônia portuguesa, na qual proliferava um contingente de indigentes e ociosos.[42]

> É também nesse contexto que é possível compreender a tática de povoar utilizando pessoas 'sem qualidade' do continente europeu. O mundo moderno caracterizava-se – *pari passu* com o desenvolvimento da economia – por profundo processo de pauperização. Assim, aos homens de bem, livres e empreendedores, aos aventureiros de maior ou menor condição que se voltavam para fazer fortuna nas colônias, agregavam-se emigrantes pobres e desqualificados. O desenvolvimento dos impérios coloniais – e o português não fugiu à regra – teve importante função na absorção de mendigos e vagabundos, 'muitas vezes recrutados à força para fazerem serviço militar nas possessões de além-mar'. Completava o quadro uma jurisprudência que facilitava o sentenciamento de pequenos transgressores com prisão e exílio: 'todo navio que partia para o Brasil, Índia ou África trazia, sobretudo a partir do século XVII, a sua quota de degredados'. [...]"[43]

---

[42] Alvará de 31 de maio de 1535. *Que o degredo para São Tome se mude para o Brasil.* Ordenou o dito senhor que daí em diante as pessoas que por seus malefícios, segundo as *Ordenações,* houvessem de ser degredadas para a ilha de São Tome, pelo mesmo tempo fossem degredadas para o Brasil. Por um alvará de 31 de maio de 1535 (fol. 107 do livro 3 da Suplicação) (PORTUGAL. **Leis extravagantes colligidas e relatadas pelo licenciado Duarte Nunes de Leão por mandado do muito poderoso rei dom Sebastião nosso senhor.** Coimbra:Real Imprensa da Universidade, 1796 [1ª ed. Lisboa: Antônio Gonçalves, 1569], pp. 615, 617 a 620, 622 a 624. Disponível em http://www1.ci.uc.pt/ihti/proj/filipinas/l4pa1066.htm. Acesso em 2 jul. 2021

[43] NADALIN, Sérgio Odilon. A população no passado colonial brasileiro: mobilidade *versus* estabilidade. **Topoi**, Rio de Janeiro: IFCS/UFRJ, Volume 4, nº 7, jul./dez. 2003, pp. 225. Disponível em < https://doi.org/10.1590/2237-101X004007002 > Acesso em 27 abr. 2020

Este período coincidiu com um processo de centralização política, que consolidava a autonomia do sistema jurídico nacional, no qual começaram a vigorar as primeiras das Ordenações do Reino: as Afonsinas (Ordenações d'El Rey D. Afonso V), de 1446 a 1521, consideradas o primeiro código europeu completo. Apesar de sua sistematização, não podiam ser consideradas um ordenamento completo, já que não apresentavam uma estrutura orgânica similar a dos códigos modernos, nem uma disciplina jurídica completa, pois eram omissas em relação a vários institutos jurídicos, sobretudo de direito privado.[44]

Eram organizadas em cinco livros, dos quais o Quinto dispunha sobre a matéria penal e processual penal, incluindo a investigação dos crimes.[45]

Buscando a modernização das instituições jurídicas portuguesas, incluindo a supressão da legislação relativa aos judeus, expulsos da Península Ibérica entre 1492 e 1499, o primeiro diploma legal a viger nas terras recém-descobertas foi substituído, em 1521, pelas

---

[44] *"[...] considerando a época em que foram elaboradas, temos de reconhecer que constituem compilação notabilíssima. [...] Os seus defeitos, sobretudo a falta de unidade de plano e as frequentes contradições, são, para o tempo, insignificantes. As Ordenações Alfonsinas ocupam uma posição destacada na história do Direito português: representaram a cúpula de toda a evolução legislativa que vinha acelerando-se desde Afonso III e forneceram a base das coletâneas posteriores, que, a bem dizer, se limitam sucessivamente a atualizá-las."* (COSTA, Álvaro Mayrink da. **Direito Penal**, Parte Geral, Volume I, 8ª ed. corrigida, ampliada e atualizada, Rio de Janeiro:Forense, 2009, p. 2002)

[45] *"Os reis de Portugal resolveram merecer seu nome fazendo algo que nem era obrigatório para quem conhecia as medidas da Justiça: desde o século XV passaram a editar as leis que mantinham a justa medida que sustentava as desigualdades entre os homens num código conhecido como as Ordenações do Reino.."* (CALDEIRA, Jorge. **História da Riqueza no Brasil**, [recurso eletrônico} Rio de Janeiro: Estação Brasil, 2017, p. 49)

Ordenações d'El Rey D. Manuel I.[46] Para evitar confusões, foi determinada a destruição da legislação alfonsina, em um prazo de três meses, sob pena de punir os transgressores com multa de cem cruzados e mais a "*degredação por dois anos para além*"; e, no mesmo prazo, a aquisição das novas pelos concelhos.

Fruto da revisão das ordenações anteriores e absorvendo também a legislação extravagante, as Ordenações Manuelinas apresentavam poucas novidades, atualizando as anteriores, mas preservando sua estrutura. No entanto, representavam um avanço da técnica legislativa, com preceitos redigidos sistematicamente sob a forma de decretos, reformulando as normas já existentes, pelo que pode ser considerada como precursoras das codificações modernas. De seus cinco livros, o Quinto continuava a disciplinar a matéria criminal.

Vigoraram até 1569, com o advento do Alvará que aprovou a Compilação (ou Coleção das Leis Extravagantes) de seis partes, organizada por Duarte Nunes de Leão, por determinação do rei D. Sebastião. Era composta por diplomas – leis das Casas de Suplicação e do Cível, na Chancelaria-mor, regulamentos e capítulos das Cortes, alvarás e disposições régias - extravagantes e posteriores, tratando de várias questões, incluindo delitos.[47]

---

[46] Ficaram conhecidas com o nome de "Ordenações Manuelinas" as duas coletâneas de preceitos jurídicos elaboradas, num sistema de cinco livros, a partir de 1505, na corte de D. Manuel I. Uma primeira codificação vigorou de 1514 a 1521, seguida de outra, promulgada neste ano, que expressamente revogava e proibia os exemplares da anterior, esteve em vigor até 1603. (DIAS, João José Alves. **Ordenações Manuelinas**. Livro I a V. Reprodução em fac-símile da edição de Valentim Fernandes (Lisboa, 1512-1513). Lisboa : Centro de Estudos Históricos da Universidade Nova de Lisboa, 2002. Disponível em < http://ww3.fl.ul.pt/biblioteca/biblioteca_digital/docs/res222.pdf> Acesso em 4 jul. 2021)

[47] LARA, Silvia Hunold (Org.). **Ordenações Filipinas. Livro V**. Retratos do Brasil, n.16, São Paulo:Companhia das Letras, 1999, p. 33

A crise dinástica provocada por sua morte levou D. Filipe II de Espanha ao trono português, durante a chamada União Ibérica, quando outra revisão das Ordenações e compilação das leis extravagantes, cartas, provisões e alvarás, foi proposta com seu nome. A terceira das Ordenações do Reino, vigorou a partir de lei de 11 de janeiro de 1603, sem inovar significativamente o sistema penal anterior, já que eram compostas pela reunião das Ordenações Manuelinas, Coleção de Duarte Nunes do Leão e das leis extravagantes e posteriores a esta.[48]

Durante a ocupação holandesa no Nordeste (1630 a 1655), foi imposto o Direito Holandês, como expressão de soberania e símbolo da conquista do território. Como a legislação foi elaborada por ordem de um monarca espanhol, seu espírito não diferia do ideário das Ordenações: a punição era exemplar e os crimes mais graves eram aqueles que atentassem contra a dominação holandesa ou os interesses da Companhia das Índias Ocidentais. Após a expulsão dos holandeses, voltaram a vigorar as Ordenações Filipinas, sem que tivesse sido deixado qualquer vestígio de sua legislação na formação de nosso Direito.[49] [50]

A vigência da última das Ordenações compreendeu quatro fases históricas: durante a União Ibérica (1603-1640); da Restauração Portuguesa (1640)[51] até a Era Pombalina (1750); da Era Pombalina até

---

[48] Nessa época, as normas jurídicas de Portugal já tinham plena aplicação no Brasil. Havia um direito comum e um direito especial para a Colônia, aplicado em forma de *Regimentos*, disciplinando os cargos da administração pública; as *Cartas-régias*, resoluções do Rei, destinadas às autoridades; *Cartas de Lei*, que eram normas de caráter geral; e os *Alvarás*, que eram normas de caráter específico, com vigência temporária.

[49] BRUNO, Aníbal. **Direito Penal**, Parte Geral, Tomo I, Rio de Janeiro:Forense, 1978, p. 177

[50] COSTA, Álvaro Mayrink da. **Direito Penal**. *Op. cit...*, p. 273

[51] As Ordenações Filipinas e toda a legislação promulgada durante o domínio filipino subsistiram depois da Restauração por força do Alvará de 29 de Janeiro de 1643, que *'houve por bem de revalidar, confirmar, promulgar e de novo ordenar que os ditos*

o início do reinado de D. Maria I (1777); e de 1778 a 1823.[52] Este diploma inovou ao trazer o conceito, então avançado, de legalidade do Direito Lusitano, oriundo do Direito Romano, com importante influência para nossa formação jurídica, combatendo a justiça privada[53] e buscando substituí-la pela pública.

Ressalte-se que as Ordenações não chegaram a vigorar plenamente na Colônia, não só diante da circulação sob a forma de cópias manuscritas, do povoamento esparso e da falta de organização política e estrutura institucional, mas também em razão da inflação de leis e decretos reais, além dos poderes que eram conferidos aos donatários. Apesar das dificuldades de difusão pelas Cortes jurídicas portuguesas, constituíram a base do direito português, até a sua codificação no século XIX.

Eram um repositório dividido em cinco livros, com títulos, rubricas indicativas do objeto e, eventualmente, subdivididos em parágrafos; cada um de seus livros é precedido de um preâmbulo. O "terrível" Quinto Livro das Ordenações Filipinas, com 143 títulos, trata das disposições penais e processuais penais. Corporifica uma política

---

cinco livros das ordenações e leis que neles andam se cumpram e guardem como até ao presente se praticaram e observaram.'. Disponível em http://www.governodosoutros.ics.ul.pt/?menu=consulta&id_partes=99&id_normas=2 4488&accao=ver&pagina=210. Acesso em 2 jul. 2021

[52] Ordenações Filipinas, Quinto Livro (ALMEIDA, Cândido Mendes de. **Código Philippino ou Ordenações e leis do reino de Portugal recopiladas por mandado d'El-Rey d. Philippe I**, 14ª edição, Rio de Janeiro: Typographia do Instituto Philomatico, 1870. (Edição por reprodução em fac-símile Lisboa:Fundação Calouste Gulbenkian, 1985.)) Ordenações Filipinas On Line. Centro de Documentação 25 de Abril, Universidade de Coimbra. Disponível em http://www2.senado.leg.br/bdsf/item/id/242733. Acesso em 2 jul. 2020

[53] *"Contudo, Afonso II não pretende só mitigar, mas, sobretudo, suprimir o sistema da vingança privada. A luta entre as partes inimigas tornava-se endêmica, e a cada acto de vingança duma delas seguia-se a represália da contrária com as consequentes alterações e transtornos [...]"* (CORREIA, Eduardo Henriques da Silva. *Op. cit...* p.98 e ss.)

criminal reprodutora do absolutismo político, com generalizada criminalização e severas punições, que refletem ideias religiosas na administração do Estado.[54]

À justiça penal, cabia controlar os comportamentos e instituir uma ordem social, castigando as ofensas a esta ordem, além de reafirmar o poder do monarca. Para esta finalidade, a punição deveria ser exemplar e explicitar as normas, incutindo o temor à sua violação. No entanto, a frequência com que as penas mais severas, como a morte e o degredo, eram cominadas não queria dizer que fossem aplicadas. Uma coisa era a norma aplicável, outra era o direito aplicado de fato, conforme o uso, conveniência e arbítrio do julgador. O perdão real podia aplacar a incidência do castigo, quando o soberano demonstrava sua virtude da clemência e adquiria a alcunha de clemente, piedoso, misericordioso, justo, bondoso ou caridoso.

Os primeiros títulos das Ordenações Filipinas abarcavam condutas associadas à religião e à ideia de pecado: heresia[55] e apostasia (*Título I*), blasfêmia (*Título II*), feitiçaria e bênçãos (*Título IV*) e vigílias (*Título V*), certamente sob a influência da instalação do Tribunal do Santo Ofício (1540) no reino português dos séculos XVI e XVII.

As Ordenações eram um símbolo de seu poder de intromissão e regulamentação, com uma nítida confusão entre religião, moral, política e legalidade, denotando o conflito entre os poderes secular e religioso.

---

[54] *"O livro V das nossas Ordenações corresponde ao 5 dos Decretoes de Gregório IX, e ao 47 e 48 do Dig., a quem se dá o nome de Terriveis, pelo castigo, que nelles se determinao para os delictos."* (ALMEIDA, Cândido Mendes de. *Op. cit..* p. 1.147)

[55] *"O termo heresia englobava qualquer atividade ou manifestação contrária ao que havia sido definido pela Igreja em matéria de fé. Dessa forma, na qualificação de hereges encontravam-se os mouros, os judeus, os cátaros e albigenses no sul da França, bem como os supostos praticantes de bruxaria."* (NASPOLINI, Samyra Haydée. Aspectos históricos, políticos e legais da Inquisição. In: WOLKMER, Antonio Carlos (Org.). **Fundamentos de História do Direito**, 3ª ed. rev. e atual., Belo Horizonte:Del Rey, 2006, p. 193)

Em muitos dos 99 títulos das Ordenações Manuelinas e os 143 das Ordenações Filipinas, percebe-se a confusão entre as condutas definidas como criminosas pelo rei e as consideradas pecaminosas pela Igreja, imiscuindo-se não só na intimidade, mas igualmente nas mais prosaicas condutas dos súditos do Reino.

Afinal, punir o criminoso e expiar sua culpa era dever atribuído aos príncipes, como encarnação de Deus na Terra. A ideia de crime estava indissociavelmente ligada ao pecado, como desobediência à vontade divina e, por via oblíqua, à vontade do soberano, cujos poderes e privilégios decorriam dela. Sob esta lógica, a penitência proporcionada pela pena deveria ser proporcional à ofensa, de modo a levar o criminoso ao arrependimento e à purgação do pecado, pelo suplício.

A moral era ditada a partir dos dogmas religiosos e, por conseguinte, os pecados são definidos como crimes. Para eles, cominava-se, em larga escala, a pena de morte (*morra por isto* ou *morra por ello*).[56] Refletindo um pensamento jurídico medieval, buscava, através da crueldade das penas, castigar o condenado, expiar sua culpa e intimidar os demais.

> Se a justiça divina deveria ser o modelo com o qual se mediam as sanções, se o sofrimento era socialmente considerado como um meio eficaz de expiação e de catarse espiritual como ensinava a religião, não havia mais nenhum limite à execução da pena. De fato, esta se expressava na imposição de

---

[56] Conta-se aqui o rei francês, Luís XIV, teria indagado ironicamente ao embaixador português ou espanhol, se alguém teria conseguido escapar vivo, após o advento desta legislação.

sofrimentos tais que pudessem de algum modo antecipar e igualar os horrores da pena eterna.[57]

Sob o ponto de vista político, as penas corporais serviam ao propósito de inspirar temor nos súditos insubordinados e coagi-los, coibindo qualquer ameaça ao poder do soberano.

> [...] Do mesmo modo, relativamente ao domínio da punição, a estratégia da Coroa não se encontrava voltada para uma intervenção punitiva cotidiana e efetiva. Faltava à Coroa a possibilidade objetiva de concretização das funções punitivas. Assim, o caráter draconiano da codificação penal das Ordenações Filipinas, por exemplo, visava muito mais à produção de efeitos ideológicos de inibição, já que as penas mais cruéis (pena de morte, degredo etc.) eram pouco aplicadas.[58]

O Estado podia investigar, julgar e executar, através de ritos sumários, que dispensavam provas; condenava-se por fama, comentários, mexericos e meras suspeitas. Até mesmo na Colônia, onde a moral era mais flexível que na Corte, delatores, espalhados por pequenos agrupamentos sociais, ocupavam-se de manter o cumprimento das regras morais sem desvios, pois acreditavam os pecadores poderiam colocar toda a sociedade em dívida com Deus.

Praticar sexo com outro homem que não o marido condenava a mulher à morte.[59] Um homem solteiro que mantivesse relações sexuais

---

[57] MELOSSI, Dario e PAVARINI, Massimo. **Cárcere e fábrica. As origens do sistema penitenciário (séculos XVI – XIX)**. Coleção Pensamento Criminológico, Rio de Janeiro: Instituto Carioca de Criminologia/Revan, 2006, p. 23
[58] NEDER, Gizlene. Sentimentos e ideias jurídicas no Brasil: pena de morte e degredo em dois tempos. In: MAIA, Clarissa Nunes et al.(Org.). **História das Prisões no Brasil**. Volume I, Rio de Janeiro : Rocco, 2009, p. 87-88
[59] Título XXV (Do que dorme com mulher casada) e XXVI (Do que dorme com mulher casada de feito e não de direito ou que está em fama de casada)

com uma mulher, maior e igualmente solteira, poderia ser obrigado a casar com ela, se possível, em razão de sua condição social; do contrário, poderia ser obrigado a arcar com as despesas de seu casamento, ser degredado para a África e, ainda, ser açoitado.[60]

No cenário de uma Europa arrasada pela fome, causada pela crise da economia feudal e pestes; pelos conflitos religiosos; pelas grandes expedições militares; pelas guerras, com sua devastação, havia uma população em franco crescimento, migrando para as cidades que então surgiam com o desenvolvimento da atividade econômica. O controle desta população era impossível e, aliado às guerras religiosas entre católicos e protestantes, conduziria ao ocaso do fundamentalismo religioso.

Observou-se a expressiva escalada da criminalidade, de uma multidão de proprietários de terras expropriados, transformados, em um primeiro momento, em desempregados, face às dificuldades de equilibrar o aumento de riqueza com o crescimento demográfico, e, depois, em delinquentes, o que exigiu instrumentos mais efetivos de defesa social, como a construção de estabelecimentos que abrigassem os marginais.[61] O crescimento do crime no proletariado empobrecido coincidiu com o surgimento de um Direito Penal destinado especialmente às classes mais baixas do estrato socioeconômico.

> O constante aumento dos delitos entre os grupos proletários mais atingidos pela pobreza obrigou às classes dominantes a buscar novos métodos que tornaram mais efetiva a administração da justiça criminal. O sistema penal, com seu regime dual de penas corporais e pecuniárias, permanece inalterado, a não ser pelo fato de que a eleição de um ou outro regime se realiza tendo em conta a classe social do

---

[60] Título XXIII (Do que dorme com mulher virgem ou viúva honesta por sua vontade)
[61] SOUZA, Artur de Brito Gueiros. *Op. cit...*, p. 118

condenado. [...] A qualificação criminal do ato não era determinada sob o ponto de vista da propriedade furtada ou danificada, mas pela condição do responsável do fato: este era tratado com muito mais rigor, se carecia de bens ou pertencia às classes sociais inferiores.[62]

A criminalização da conduta não decorria necessariamente de sua relevância, podendo ser agravada conforme a qualidade da vítima e suas relações com o criminoso, bem como com a forma e reiteração do "pecado".[63] Assim, a pena não apresentava uma função necessariamente preventiva, mas sim de reafirmação da hierarquia social (Ex. *Título XVIII. Do que dorme por força com qualquer mulher, ou trava dela, ou a leva por sua vontade*).

Muitas vezes, a individualização das penas era atrelada à classe social do criminoso.64 Isto porque, de acordo com o modelo social da época, não podiam ser submetidos às penas infamantes ou vis (açoites com baraço e pregão) os que gozassem de privilégios ("pessoas

---

[62] RUSCHE, Georg; e KIRCHHEIMER, Otto. **Pena y Estructura Social**. Trad. Emilio García-Méndez. Colección Pensamiento Jurídico Contemporáneo. Bogotá:Temis, 1984, p. 15 (tradução livre)

[63] Ordenações Filipinas, Livro V, Título III (Dos feiticeiros), Título VIII (Dos que abrem as Cartas del-Rey, ou da Rainha, ou de outras pessoas), Título X (Do que diz mentira a El-Rey em prejuízo de alguma parte), Título XIII (Dos que cometem pecado de sodomia, e com alimárias), Título XVI (Do que dorme com a mulher, que anda no Paço, ou entra em casa de alguma pessoa para dormir com mulher virgem, ou viúva honesta, ou escrava branca de guarda), Título XVII (Dos que dormem com suas parentas e afins), Título XVIII (Do que dorme por força com qualquer mulher, ou trava dela, ou a leva por sua vontade), Título XXXV (Dos que matam, ou ferem, ou tiram com Arcabuz ou Besta)

[64] *"Num jogo de distinções hierárquicas, a economia das penas não deriva diretamente do crime cometido. Degredo, açoites e outras marcas corporais, penas pecuniárias ou qualquer uma das 'mil mortes' eram distribuídos desigualmente, conforme a gravidade do crime e, sobretudo, os privilégios sociais do réu ou da vítima."* (LARA, Silvia Hunold. *Op. cit.*, p. 40)

de mais qualidade")[65], como Escudeiros dos Prelados e dos Fidalgos, moços da Estrebaria do Rei, da Rainha, do Príncipe, Infantes, Duques, Mestres, Marqueses, Prelados, Condes e de Conselheiros, Pajens de Fidalgos, Juízes, Vereadores e respectivos filhos, Procuradores das Vilas ou Conselhos, Mestres e Pilotos de Navios, amos ou colaços dos Desembargadores ou de Cavaleiros de linhagem, as pessoas que provassem que costumavam ter cavalos de estada em suas estrebarias, peões ou seus filhos e mercadores de certo nível. Essas penas eram comutadas em degredo por dois anos na África, com pregão em audiência. Se também fossem condenados ao degredo, este tinha seu prazo aumentado em um ano. Caso fosse perpétuo, o pregão era realizado com grilhões nos pés (Título CXXXVIII).

As Ordenações demonstravam a relação entre a lei e poder d'El Rey, revelando a crueldade do sistema punitivo do absolutismo. Seu rigor demonstrava a força do poder monárquico e, na mesma medida, da mercê real.[66]

> [...] Uma pena, para ser um suplício, deve obedecer a três critérios principais: em primeiro lugar, produzir uma certa quantidade de sofrimento que se possa, se não medir exatamente, ao menos apreciar, comparar e hierarquizar; a morte é um suplício na medida em que ela não simplesmente privação do direito de viver, mas a ocasião e o termo final de uma graduação calculada de sofrimentos: desde a decapitação – que reduz todos os sofrimentos a um só gesto e num só instante: o grau zero do suplício –

---

[65] Ex. Dos que jogam dados ou cartas ou as fazem ou vendem ou dão tabolagem, e de outros jogos defesos (Título LXXXII)

[66] "O perdão, outro polo da punição, possibilitava à intervenção régia o exercício da graça. [...] É bem verdade que a clemência não poderia converter-se em abuso e licença, deixando impunes os crimes, pois os deveres do 'pastor' incluíam também a proteção do 'rebanho'. Cabia, portanto, ao rei a decisão política de dosar o perdão [...]" (NEDER, Gizlene. *Op.cit.*, p. 88)

até o esquartejamento que os leva quase ao infinito, através do enforcamento, da fogueira e da roda, na qual se agoniza muito tempo: a morte-suplício é a arte de reter a vida no sofrimento, subdividindo-a em "mil mortes" e obtendo, antes de cessar a existência, *the most exquisite agonies*.[67]

Violar a lei implicava não somente desobedecer ao monarca, mas, por consequência, profanar a ordem divina: o crime era um pecado grave contra Deus e contra a Igreja. Assim, os delitos confundidos com o pecado e a ofensa moral, iam do homicídio às feitiçarias, adivinhações, bruxarias e bênçãos e lesa majestade - comparado à hanseníase - atingindo também os descendentes do autor.[68]

Apesar de representar uma retribuição, seu fundamento era a ofensa a Deus e não ao eventual dano sofrido pela vítima. Com isto, a sanção se identificava muito mais com a expiação da culpa (*expiatio*) do que com a *retributio*. Em sua função preventiva, a pena visava muito mais inibir as condutas indesejadas, do que efetivamente ser aplicada.

---

[67] FOUCAULT, Michel. *Op. cit.*, p. 35-36

[68] Ordenações Filipinas, Livro V, Título VI, "Lesa majestade quer dizer traição cometida contra a pessoa do Rey, ou seu Real Stado, que he tão grave e abominável crime, e que os antigos Sabedores tanto estranharão, que o comparavao à lepra; porque assi como esta enfermidade enche todo o corpo, sem nunca mais se poder curar, e emprece ainda aos descendentes de quem a tem, e aos que com elle conversão, polo que he apartado da comunicação da gente: assi o erro da traição condena o que a commette e empece e infama os que de sua linha descendem, postoque não tenhao culpa. [...] 13. E em qualquer destes casos acima declarados, onde os filhos são exclusos da herança do pai, se forem varões, ficarão infamados para sempre, de maneira que nunca possão haver honra de Cavaleria, nem de outra dignidade, nem Officio; nem poderão herdar a parente, nem a estranho abintestato, nem por testamento, em que fiquem herdeiros, nem poderão haver cousa alguma, que lhes seja dada, ou deixada, assi entre vivos, como em ultima vontade, salvo sendo primeiro restituídos à sua primeira fama e stado. E esta pena haverão pela maldade, que seu pai cometteo. E o mesmo será nos netos somente, cujo avô cometteo o dito crime. Porém isto não haverá lugar, quando as mais commetterem a tal maldade, porque neste caso a pena e infâmia desta Ordenação não passará dos filhos."

> Nesse sentido, o juízo sobre o crime e o criminoso não se fazia tanto para defender os interesses concretamente ameaçados pelo ato ilícito cometido, mas sim para evitar possíveis – porém não previsíveis e por isso socialmente fora de controle – efeitos negativos que pudessem ter estimulado o crime cometido. Daí derivava a necessidade de reprimir o trangressor. [...] É por causa desse temor de uma ameaça futura que o castigo deveria ser espetacular, cruel, capaz de provocar nos espectadores uma inibição total de imitá-lo.[69]

Apresentavam, como sanção penal predominante, as "mil mortes", repetindo-se, inúmeras vezes, o terrível "morra por ello" (morra por isso)[70] [71], o que não significava exatamente pena de morte, mas tornar-se infame pelo delito cometido, perder os bens, ofício ou qualquer graduação social. Podia significar também a morte civil, que excluía o condenado de seu meio social através do degredo.

A falta de sistematização na organização e, principalmente, na redação dos tipos penais, excessivamente difusos, abertos e, muitas vezes, obscuros e conflitantes, não permite uma segura classificação das penas.[72]

---

[69] MELOSSI, Dario e PAVARINI, Massimo. *Op. cit.*, p.22-23

[70] Morra por isso: a expressão não significa morte natural e não tem diferença da expressão - *morra por ello*, em vista do que diz SILVA PEREIRA no *Rep. das Ords*, tomo 4, nota (a) à p. 38 e nota (b) à p. 41. Ambas significam degredo: nota 2 da p. 1164" (ALMEIDA, Cândido Mendes de. *Op. cit.*, p. 1.164)

[71] Ordenações Filipinas, Livro V, Título VIII (Dos que abrem as Cartas del-Rey, ou da Rainha, ou de outras pessoas), Título XII (Dos que fazem moeda falsa, ou a despendem, e dos que cercam a verdadeira, ou a desfazem), Título XVIII (Do que dorme por força com qualquer mulher, ou trava dela, ou a leva por sua vontade) (ALMEIDA, Cândido Mendes de. *Op. cit.*, p.1.158)

[72] A sentença, que condenou o Alferes Joaquim José da Silva Xavier – Tiradentes, líder da Inconfidência Mineira, em 1792 - bem ilustra a aplicação das sanções previstas nas Ordenações do Reino: "[...] Pelo abominável intento de conduzir os

Contudo, a partir do exame das diversas espécies penais, podemos estabelecer a recorrência de algumas delas, divididas entre corporais (penas capitais, mutilações e açoites); penas infamantes; penas pecuniárias; penas privativas e restritivas de liberdade; e penas arbitrárias ou extraordinárias.

Os crimes que atentassem diretamente contra o poder do soberano - lesa majestade – eram julgados pelo Tribunal Real e as condutas que afrontassem os dogmas religiosos eram examinadas pelo Tribunal Eclesiástico. Na colônia, competia à Câmara Municipal examinar preliminarmente essas infrações, indo para a Corte apenas as que não pudessem ser ali julgadas ou que não pertencessem à competência dos comissários do Santo Ofício.

Ao julgarem as heresias, tinham um enorme poder em mãos, nem sempre utilizado em nome da fé. Os inquisidores podiam receber delações, ouvir confissões, prender e torturar até obter a confissão

---

povos da capitania de Minas a uma rebelião, os juízes deste tribunal condenam ao Réu Joaquim José da Silva Xavier por alcunha o Tiradentes Alferes que foi da tropa paga da Capitania de Minas a que *com baraço e pregão seja conduzido pelas ruas publicas ao lugar da forca e nella morra morte natural para sempre, e que depois de morto lhe seja cortada a cabeça e levada a Villa Rica aonde em lugar mais publico della será pregada, em um poste alto até que o tempo a consuma, e o seu corpo será dividido em quatro quartos, e pregados em postes* pelo caminho de Minas no sitio da Varginha e das Sebolas aonde o Réu teve as suas infames práticas e os mais nos sitios (*sic*) de maiores povoações *até que o tempo também os consuma*; declaram o *Réu infame, e seus filhos e netos tendo-os, e os seus bens applicam para o Fisco e Câmara Real*, e a *casa em que vivia em Villa Rica será arrasada e salgada, para que nunca mais no chão se edifique* e não sendo própria será avaliada e paga a seu dono pelos bens confiscados e no mesmo chão se levantará um padrão pelo qual se conserve em memória a infamia deste abominavel Réu [...] Rio de Janeiro, 18 de abril de 1792. Sebastião Xavier de Vasconcellos Coutinho (Chanceler da Rainha); Antônio Gomes Ribeiro; Antônio Diniz da Cruz e Silva (Accórdão em Relação os da Alçada etc.)" (ANDRADA, Lafayette de (Coord.). **Autos de devassa da Inconfidência Mineira.** Belo Horizonte: Assembleia Legislativa do Estado de Minas Gerais, 2016. 11 v., v.11 (Coleção Minas de história e cultura ; 2)) Disponível em https://dspace.almg.gov.br/handle/11037/21494. Acesso em 9 jul. 2020 (*grifos nossos*)

desejada. Seus familiares eram longa *manus* da Inquisição, com poderes para espionar e prender suspeitos, sequestrar bens, vigiar condenados e acompanhá-los à execução.

Para isso, ignoravam a noção de privacidade, imiscuindo-se no comportamento e na fé religiosa, pela intensa fiscalização das atitudes, fala, obras, ideias, objetos.[73] As acusações eram as mais variadas: feitiçaria, bruxaria, bigamia, solicitação, sodomia, blasfêmia, desacato, favorecimento, luteranismo e, a partir do século XVIII, crimes de cunho ideológico, como jansenismo, racionalismo e heresias de libertinos, ateus e afrancesados.[74]

Com todos os seus aspectos negativos, as Ordenações Filipinas regulamentou a matéria penal até a vigência do Código Criminal de 1830 e do Código de Processo Penal de 1832, revogando as leis complementares, avisos e alvarás.

---

[73] *"A Inquisição medieval e a Inquisição moderna (principalmente Espanha e Portugal) apoiavam-se em bases comuns: a delação, a denúncia, os "rumores". Havia já naquele tempo, como posteriormente na Península Ibérica e nas colônias, os auxiliares da Inquisição, chamados "familiares", que ajudavam na caça aos suspeitos, funcionando como espiões, o que tornava mais eficiente o trabalho dos inquisidores."* (NOVINSKY, Anita Waingort. A Inquisição. **Tudo é História**, n. 49, 3ª ed., São Paulo:Brasiliense, 1985, p. 18)

[74] *Ibidem*, p. 50

CAPÍTULO 3

COMO A PRISÃO SE TRANSFORMOU EM PENA

Em diversos momentos da História, mesmo sob outra natureza e denominação, a prisão tem sido encontrada sob as mesmas características que apresenta hoje: local de detenção de indivíduos, presumivelmente culpados, como reflexo da necessidade que os grupos dominantes da sociedade têm de segregar aqueles que violam as normas de convivência.

Na Antiguidade, os romanos encarceravam apenas para custódia e não como pena, já que esta consistia em castigos corporais, desde pelas mais insignificantes infrações, ou na própria morte, o que continuou a servir de modelo para as leis medievais em reinos que hoje correspondem a Portugal, Espanha, Itália, França e Alemanha. Na Inglaterra, era praticada por privilégio real, nas dinastias Tudor e Stuart.

Embora, por séculos e séculos, a prisão tenha servido basicamente ao propósito de contenção e custódia do acusado até a sentença final, em sua evolução identificam-se quatro grandes eras.

3.1 Prisão detenção

Na Antiguidade – Grécia, Egito, Mesopotâmia, Assíria, Pérsia, Israel, Roma – e na Europa medieval, as prisões tinham em comum o fato de serem locais de detenção e torturas, nos quais o encarceramento propiciava a averiguação, por meio de tormentos, dos fatos imputados aos detentos. Por outro lado, registre-se, na Grécia antiga, a "prisão por dívidas", que, em um sistema jurídico privatístico, servia, também, para assegurar os interesses do credor frente ao devedor.

Na Europa medieval, houve mudanças pouco significativas em relação a esse quadro, pois a sociedade feudal continuava a ver, no cárcere, uma forma de segregação e coerção, para forçar ao pagamento das penas pecuniárias e as despesas de sua própria manutenção.[75] Neste período, a prisão ocorria em função do arbítrio do soberano e na razão direta do estrato social ao qual o acusado pertencia. Podia converter-se em pena pecuniária, mas continuava a ser rara, já que as penas mais frequentes continuavam a ser corporais e infamantes, sendo que estas pressupunham determinada gravidade do delito cometido.

Nesta fase, a prisão apresentava caráter meramente preventivo, como local de confinamento dos acusados da prática de algum crime, enquanto aguardavam um julgamento e condenação. Os cárceres podiam ser públicos, para os réus do povo, plebeus e servos, situando-se na periferia dos centros urbanos; os políticos eram instalados em fortalezas extremamente vigiadas, enquanto os senhores feudais, eram detidos em cárceres privados, em seus próprios castelos.

A ideia da prisão, como método disciplinar, desenvolveu-se com o Direito Canônico, a partir do século V, e atingiu seu apogeu no século XVI, com o Tribunal do Santo Ofício. A Igreja promoveu a ideia de

---

[75] "As autoridades não tomavam a menor precaução para a manutenção dos presos, e, portanto, o escritório de vigilância e segurança provou ser um negócio lucrativo até o final do século XVIII. Prisioneiros mais ricos podiam comprar condições de existência mais ou menos tolerável, pagando preços altos. A maioria dos prisioneiros pobres eram mantidos através de mendicância e doações feitas por fraternidades da Igreja fundadas para esses fins. Apenas excepcionalmente os presos eram condenados e a maioria dos que não aguardavam julgamento eram membros das classes mais baixas, presos por sua impossibilidade de pagar penas pecuniárias. Isso levou a um círculo vicioso; os indivíduos eram presos por não terem recursos suficientes para pagar uma sentença pecuniária, e logo não poderiam deixar a prisão porque não tinham dinheiro para pagar sua permanência e manutenção." (RUSCHE, Georg; e KIRCHHEIMER, Otto. *Pena y Estructura Social.*, p. 72-73) (tradução livre)

converter a pena na expiação do crime cometido, para a reabilitação e correção do detento, isolando-o do convívio social, pela reclusão, impedindo sua corrupção moral.[76]

Era a sanção aplicada aos religiosos rebeldes, por tempo determinado, quando, através de meditação, orações e penitências[77], se arrependeriam do "mal" praticado e, assim, obteriam o perdão divino dos supostos pecados. Apesar das masmorras serem subterrâneas, de onde raramente se saía vivo, a prisão religiosa era menos cruel que a do regime secular, acompanhada de torturas, mutilações e morte.

Outra de suas origens é atribuída às prisões de Estado, destinadas aos inimigos do poder real ou senhorial, que tivessem cometidos delitos de traição, ou aos adversários dos detentores do poder. Apresentava-se sob a forma de cárcere de custódia, onde o réu aguardava a execução de uma sentença de morte; e detenção temporal até a sentença final, ou perpétua, mas sempre ao arbítrio dos soberanos.[78]

Durante anos, o açoite, que incapacitava o indivíduo; o degredo; e, em última instância, a pena capital foram soluções para que o Estado mantivesse o equilíbrio entre a oferta de mão de obra e a disponibilidade dos postos de trabalho. Contudo este sistema punitivo, firmado sobre penas corporais, mostrou sinais de esgotamento, ao

---

[76] A pena principal do Direito canônico era a *detrusio in monasterium*, consistente na reclusão em um mosteiro, dos religiosos que tivessem infringido uma norma eclesiástica. O local de reclusão era a cela monástica, que deveria ter luz suficiente para que o pecador pudesse ler o breviário e os livros sagrados. (PEÑA MATEOS, Jaime. Antecedentes de la prisión como pena privativa de libertad em Europa hasta el siglo XVII. In: GARCÍA VALDÉs. Carlos (Dir.). **Historia de la Prisión. Teorías Economicistas. Crítica.** Boadilla del Monte: Edisofer, 1997, p. 69)

[77] Origem atribuída da palavra "penitenciária", locais onde se cumpriam as penitências.

[78] As prisões de Estado mais conhecidas do período foram a Torre de Londres, a Bastilha (Paris) e Palácio Ducal (Veneza).

deixar de inibir o crescimento exponencial da criminalidade à sombra da superação do absolutismo e feudalismo.[79]

3.2 Prisão fábrica

Na economia feudal, os senhores prestavam, com a intermediação da Igreja, algum tipo de assistência material aos servos e vassalos, inclusive em caso de incapacidade. Com a transição para o mercantilismo e a expulsão do campo, os camponeses migraram para as cidades, que não conseguiam absorver o total da mão de obra disponível, na fabricação de produtos necessários à expansão dos novos mercados surgidos com o processo de colonização.

Parte desta nova classe de indivíduos, que não se sujeitava às condições do trabalho assalariado, transformou-se em uma legião de desocupados urbanos - mendigos, vagabundos, ladrões, prostitutas - identificados como perigosos, não como produto do sistema de produção, mas em razão de um desvio individual. Esta população, embora sem contribuir diretamente para o processo de produção, funcionava como um fator de equilíbrio econômico, ao manter os salários em um nível tão baixo que não comprometesse a lucratividade.[80]

O surgimento e crescimento das cidades e o aumento e enriquecimento da população pressionaram a demanda por bens de consumo. Além do mercado interno, a descoberta de novas rotas

---

[79] RUSCHE, Georg; e KIRCHHEIMER, Otto. **Punição e Estrutura Social**. Coleção Pensamento Criminológico, Volume 3, Rio de Janeiro:Instituto Carioca de Criminologia/Revan, 2004, p. 43 e ss.

[80] "Pagavam os menores salários possíveis. Buscavam o máximo de força de trabalho pelo mínimo necessário para pagá-las. Como mulheres e crianças podiam cuidar das máquinas e receber menos que os homens, deram-lhes trabalho, enquanto o homem ficava em casa, frequentemente sem ocupação." (HUBERMAN, Leo. **História da Riqueza do Homem**, 21ª edição, Rio de Janeiro: Guanabara,1986, p. 178)

marítimas e o aumento de intercâmbio comercial, assim como o desenvolvimento de um sistema financeiro, passaram a exigir uma expansão da capacidade de produção.

> Como consequência da industrialização, se produziu um movimento maciço de emigração do campo para as cidades. Sem embargo, nem as estruturas urbanas nem as próprias indústrias estavam preparadas para a avalancha humana que se projetou sobre elas. Assim, por um lado, a proletarização dos camponeses migrados provocou a perda em relação a estes de boa parte dos elementos de integração e inibição de condutas delitivas (socialização, identificação com o meio, religião) que possuíam em seu lugar de procedência. Por outro lado, as vicissitudes do mercado de trabalho contribuíram para que muitos migrantes caíssem na marginalidade e passassem a se dedicar à delinquência reiteradamente. De modo concreto, à delinquência patrimonial.[81]

Na evolução do feudalismo para o mercantilismo, surgiram e cresceram as cidades, povoadas essencialmente por comerciantes, que desejavam liberdade, inclusive em relação à terra, enquanto a essência dos feudos era a total ausência dela.

> As populações urbanas queriam estabelecer seus próprios tribunais, devidamente capacitados a tratar de seus problemas, em seu próprio interesse. Queriam, também, elaborar sua própria legislação criminal. Manter a paz nas pequenas aldeias feudais

---

[81] SILVA SÁNCHEZ, Jesús María. **A expansão do Direito Penal: aspectos da política criminal nas sociedades pós-industriais**, Volume 11, Trad. Luiz Otavio de Oliveira Rocha, São Paulo: Revista dos Tribunais, 2002. Série As Ciências Criminais no Século XXI, p. 98

não se comparava ao problema de manter a paz na cidade em desenvolvimento, com maiores riquezas e população móvel. A população urbana. conhecia o problema como o senhor feudal não conhecia. Queria sua própria "paz da cidade".[82]

Se no século XV, o excedente de mão de obra orientava o sistema penal contra os indivíduos empobrecidos, no século XVI, o mercantilismo veio criar um sistema punitivo orientado contra a vadiagem, para, então, explorar a mão de obra dos encarcerados e manter o equilíbrio econômico.

Nos séculos XVII e XVIII, as prisões insalubres eram incubadoras de doenças, graças à ausência de higiene e ventilação; a parca alimentação dos encarcerados era provida pelos carcereiros, a quem deviam pagar. Nos hospícios, eram reunidos não só doentes mentais, mas órfãos, idosos, enfermos e delinquentes, aglomerados em um espaço comum.

Em um contexto de crescimento da mendicância e da criminalidade na Inglaterra e de influência da concepção religiosa da penitência nas reformas carcerárias, o clero passou a utilizar o *Saint Bride's Well Palace*[83] como local de recolhimento de vadios e criminosos. A ideia era que, por meio do trabalho e severa disciplina, pudessem ser "reformados" e desestimulados para a marginalidade.

Neste modelo, as classes sujeitas à proteção do Estado e ao assistencialismo da Igreja (viúvas, doentes mentais e órfãos), que constituíam forças de trabalho desqualificadas, foram utilizadas pelo encarceramento, com baixa ou nenhuma remuneração. Afinal, nos primórdios de um modelo econômico capitalista, não se podia dispensar

---

[82] HUBERMAN, Leo. *Op. Cit.* p.
[83] ROTHYELL, Shaun. **The Origin of "Bridewell"**, 2012. Liverpool City Police. Disponível em < http://liverpoolcitypolice.co.uk/#/main-bridewell/4552047916> Acesso em 25 jul. 2021

o trabalho do condenado, mas sim transformá-lo na necessária mão de obra gratuita, adaptada e obediente.

A prisão teria servido ao propósito de induzir à ideia de que o trabalho era a ligação entre o homem e a sociedade. Sob esta ótica, a transformação da prisão custódia em prisão fábrica foi o instrumento pelo qual o Estado interveio para regular o suprimento de mão de obra, mantendo seu baixo custo graças ao trabalho forçado dos confinados.[84]

3.3 Prisão correção

Na segunda metade do século XVI, surgiram, na Europa, as primeiras instituições penais, organizadas sob a forma de casas de detenção e penitenciárias, para o objetivo de "correção" dos detentos, por meio do trabalho severo: *House of Correction*[85] ou *Bridewell* (Londres, GB, 1553-1700).[86] Uma lei de 1576 determinou sua expansão a todos os demais condados. Embora seu objetivo declarado fosse a

---

[84] *"Cidades pequenas viram naquela instituição um sistema de uso de prisioneiros, comparável às galés; transferência de condenados, com o menor custo possível, para outros órgãos da administração, que os empregavam em trabalhos forçados ou em tarefas de estilo militar. Mas o moderno sistema de encarceramento como método de exploração do trabalho e, igualmente importante no período mercantilista, como forma de formação da força de trabalho reserva, foi, sem dúvida, a consequência lógica das casas de correção."* (RUSCHE, Georg; e KIRCHHEIMER, Otto. *Pena y Estructura Social*, p. 73) (tradução livre)
[85] Estabelecidas pela *Elizabethan Poor Law* (1601) em cada condado, fornecia trabalho aos desempregados, remunerado em valores de mercado, e aos vadios que poderiam ser obrigados a trabalhar. Eram desvinculadas do sistema de assistência social real e das casas paroquiais, por determinação legal.(BLOY, Marjie. The 1601 Elizabethan Poor Law. The **Victorian Web** [online]. Disponível em http://www.victorianweb.org/history/poorlaw/elizpl.html. Acesso em 23 mar. 2020
[86] Os ingleses e norte americanos consideram as cadeias comuns e as *Bridewells* (1550) os primeiros estabelecimentos para cumprimento de penas e não apenas o local de isolamento dos presos a espera de julgamento. (MELOSSI, Dario e PAVARINI, Massimo. *Op. cit.*, p.36)

reeducação, é certo que a lucratividade, propiciada pela mão de obra barata, foi fator decisivo para sua expansão.

Dentro das mesmas premissas, surgiram as denominadas *workhouses*, cujo desenvolvimento só veio a comprovar a eficácia da prisão como instrumento regulador da oferta de mão de obra, por meio da transformação em força de trabalho dos indesejáveis.

A caridade e a institucionalização foram as medidas adotadas pelo Estado para solucionar o problema do excedente populacional. Diante do sucesso das experiências, estes modelos foram adotados por outros países do continente, tendo, por objetivo, a reforma dos confinados e, como público, os pequenos delinquentes: vagabundos, mendigos, prostitutas, incorrigíveis em geral, e menores dependentes químicos. Em Amsterdam (Países Baixos, 1596), foram instituídas *rasphuis* para homens e, no ano seguinte, *spinhis* para mulheres; e, em 1600, uma prisão especial para delinquentes juvenis.

Diante de uma população já reduzida entre 30% e 60%, em razão das pestes, guerras religiosas e conflitos internos, a pena de morte não representava mais uma solução.[87] Em meados do século XVII, estas instituições passaram a receber os pequenos delinquentes, não só para a proteção da sociedade, desvirtuando sua finalidade original de mero isolamento, mas também para garantir o suprimento de mão de obra, em uma época de franca expansão colonial. Registre-se que, para os

---

[87] *"Tanto na Inglaterra quanto na França, o crescimento populacional foi interrompido por guerras religiosas e distúrbios internos. O caso mais extremo, no entanto, é o da Alemanha. Como consequência da Guerra dos Trinta Anos, em meados do século XVII, a população declinou para níveis somente comparáveis às quedas mais drásticas da era da peste. Uma redução estimada, de 18.000.000 para 7.000.000, por alguns autores pode ser exagerado, mas mesmo as estimativas mais conservadoras são impressionantes o suficiente, como as oferecidas por INAMA-STERNEGG: 17,64 milhões em 1475; 20,95 milhões entre 1600 e 1620, e 13,29 milhões em meados do século XVII."* (RUSCHE, Georg; e KIRCHHEIMER, Otto. *Pena y Estructura Social*, p. 26) (tradução livre)

criminosos mais perigosos, as sanções ainda eram tradicionais: penas capitais, corporais, pecuniárias e, principalmente, as galés e degredo.

A prisão surgia como uma alternativa razoável para os horrores e injustiças da pena capital, em uma sociedade governada pela Moral e, em última instância, pelo Direito. Graças às mudanças promovidas, com inspiração no sistema penitenciário canônico, reduziu-se a falta de humanidade das penas, pela incorporação de outra finalidade, além da mera retribuição da coerção física.

Em seguida, com a secularização, a pena perdeu sua natureza corporal e passou a ser definida por outros objetivos e parâmetros, visando não só o passado e presente do condenado, mas também seu futuro. Por isso, deixou de representar apenas uma retribuição pelo mal causado e assumiu um caráter preventivo especial e geral, objetivando evitar a reincidência do condenado e inibir a prática de delitos pelo restante da sociedade.

Neste contexto, percebe-se que o "direito de punir" começou a dar lugar a um Direito Penal, de cunho científico, tendo por elementos estruturais o crime, o criminoso e a pena. Humanizou-se, ao se voltar para a disciplina e correção, que substituiriam a vingança e o corpo do condenado.

> O protesto contra os suplícios é encontrado em toda parte na segunda metade do século XVIII: entre os filósofos e teóricos do direito; entre juristas, magistrados, parlamentares; nos *cahiers de doléances* e entre os legisladores das assembleias. É preciso punir de outro modo: eliminar essa confrontação física entre soberano e condenado; esse conflito frontal entre a vingança do príncipe e a

cólera contida do povo, por intermédio do supliciado e do carrasco.[88]

A ideia do encarceramento, sob a forma de isolamento celular, propiciando o arrependimento para transformação da alma e da conduta, foi trazida do Direito Canônico e serviu a este propósito. A expiação da falta cometida visava à emenda do preso, por meio de sua correção moral e readaptação.[89] Sob esta ótica, foi uma contribuição positiva para a concepção atual de pena, orientando-a para a reeducação do indivíduo, sob princípios de caridade, redenção e fraternidade.[90]

---

[88] FOUCAULT, Michel. *Op. cit...*, p. 71

[89] *"A esperança de uma emenda pela prisão estava no centro do direito penal eclesiástico na Idade Média. A prisão que se tornou generalizada nos tribunais da Igreja a partir do século XIII foi a única punição aflitiva disponível para os ofícios e a mais grave quando era perpétua. A prisão foi prevista pela Igreja como um remédio para salvar o pecador-delinquente. Em suma, foi a prisão remédio, em oposição às penas vingativas. Para a Igreja, a prisão deve colocar o condenado em posição de meditar sobre seus defeitos e experimentar arrependimento. A fórmula padrão de condenação do prisioneiro, "o pão da tristeza e a água da angústia" servia para que ele se purificasse de seus defeitos e, assim, salvasse sua alma."* (LORCY, Maryvonne. L'évolution des conceptions de la peine privative de liberté. **Cahiers de la Recherche sur les Droits Fondamentaux**, n. 3, Caen:Presse Universitaires de Caen, 2004, p. 13. Disponível em https://journals.openedition.org/crdf/7431. Acesso em 23 mar. 2020) (tradução livre)

[90] *"Os cristãos foram advertidos a não julgar os outros cristãos (Lucas 6:37), agir com paciência (Romanos 2:1), e exercer admoestação fraternal (Mathew 18:15) e perdão de ofensas pessoais (Mathew 18:21-35). Em alguns casos, no entanto, os textos bíblicos permitem uma resposta mais grave à conduta pecaminosa. 1 Coríntios 5:1-13 permite a exclusão da comunidade em caso de incesto. Autoridade havia sido dada por Deus à comunidade cristã para "amarrar e soltar" (Mathew 18:18) em assuntos entre si. Essa autoridade foi assumida particularmente pelos líderes da comunidade, os bispos. [...] Em nome de Deus, esperava-se que os bispos determinassem a natureza dos delitos espirituais e aplicassem as penitências apropriadas para que um pecador pudesse ser corrigido e levado à salvação por uma combinação de disciplina, correção e misericórdia."* (PETERS, Edward M. Prison before the Prison. In: MORRIS, Norval and ROTHMAN, David J. (Org.) **The Oxford History of the Prison. The Practice of Punishment in Western Society**. New York: Oxford University Press, 1998, p. 24-25) (tradução livre)

Na passagem dos dois séculos [XVIII-XIX], uma
nova legislação define o poder de punir como uma
função geral da sociedade que é exercida da mesma
maneira sobre todos os seus membros, e na qual
cada um deles é igualmente representado; mas, ao
fazer da *detenção* a pena por excelência, ela introduz
processos de dominação característicos de um tipo
particular de poder. Uma justiça que se diz "igual",
um aparelho judiciário que se pretende "autônomo",
mas que é investido pelas assimetrias das sujeições
disciplinares, tal é a conjunção do nascimento da
prisão, *"pena das sociedades civilizadas."*[91]

Até a Idade Moderna, os locais de confinamento consistiam em
fábricas, conventos e fortalezas, como a Torre de Londres e a Bastilha e
Salpetrière, em Paris. Em 1656, a França estabeleceu sua primeira
prisão, para vagabundos, miseráveis,[92] [93]doentes mentais, mulheres
"depravadas" e outras cujos pais e maridos as internavam para
"correção", além de crianças fujonas. Até 1680, outras foram criadas
nas grandes cidades, enquanto os hospitais gerais perduraram até às
vésperas da Revolução Francesa.[94]

[91] FOUCAULT, Michel. *Op.cit.*, p. 217-218
[92] RUSCHE, Georg; e KIRCHHEIMER, Otto. *Pena y Estructura Social,* p. 48
[93] Para o confinamento de homens e mulheres, foram criados os "hospitais gerais", que
eram mais asilos que prisões, com poucos recursos para os condenados. A exceção
era Paris, onde vários estabelecimentos sob uma única administração, continham duas
prisões próprias: Salpetrière (mulheres) e Bicètre (homens e mulheres sifilíticas), nas
quais os indivíduos eram trancafiados por ordem judicial, a pedido da família; ou
policial, como as prostitutas, larápios e vagabundos em geral. (SPIERENBURG,
Pieter. The body and the State. Early Modern Europe. In: MORRIS, Norval and
ROTHMAN, David J. (Org.) *Op.cit.* p. 68) (tradução livre)
[94] CARLIER, Christian; RENNEVILLE, Marc. **Histoire des prisons en France —
De l'Ancien Régime à la Restauration**, Musée Criminocorpus, le 18 juin 2007,
Disponível em: https://criminocorpus.org/fr/ref/25/16933/ Acesso em 23 abr. 2020

Na Itália, por iniciativa do Papa Clemente XI, foi construído, em 1703, o Hospício de São Miguel, destinado a menores infratores, com assistência educacional, profissional e religiosa.

> Como primeiras precursoras das prisões modernas podem ser consideradas a prisão cellular de Franci [Hospício de San Felipe Neri] aberta em Florença em 1677 e a casa de correcção construída em Roma em 1704 por Clemente XI, destinada aos moços pervertidos; ahi focam pela primeira vez experimentados com feliz resultado o trabalho em commum sob a lei do silencio durante o dia e a prisão cellular durante a noite. Segundo as mesmas normas foi tambem instituída a casa de correcção de Cassei (1720).[95]

A pena privativa de liberdade moderna teve início nas casas de correção, que passaram a abrigar indivíduos com perfis bastante heterogêneos, confinados em espaços inadequados, no ócio e sem supervisão. Em seus primeiros tempos, como racionalização da punição, a prisão restringia a liberdade, mas a tônica ainda era a indignidade, a negligência e a desordem, o que já poderia prenunciar seu fracasso iminente.[96][97]

---

[95] VON LIZST, Franz. **Tratado de Direito Penal Allemão**. Tomo I, Trad. José Hygino Duarte Pereira, Rio de Janeiro: F. Briguiet & C., 1899, fac símile. Campinas:Russel, 2003, p. 417

[96] *"Ao entrar na prisão, o indivíduo se deparar com o barulho e o odor do local. Raramente seria fácil distinguir aqueles que pertencem à prisão daqueles que não pertencem. Apenas a presença dos ferros diferenciava os delinquentes dos visitantes ou devedores e suas famílias. A prisão parece um tipo peculiar de alojamento com uma clientela variada. Alguns de seus ocupantes viviam à vontade, enquanto outros sofriam na miséria. Havia pouca demonstração de autoridade."* (Mc GOWEN, Randall. The Well-Ordered Prison. England, 1780-1865. In: MORRIS, Norval and ROTHMAN, David J. (Org.) *Op. cit...*, p.71) (tradução livre)

[97] *"Isto não impedia que a prisão refletisse, nesta época, resquícios do Velho Regime e a crueldade daquela era penal. Os prisioneiros são majoritariamente abandonados*

Nos Estados Unidos, em 1718, já se promovia a separação entre a *country jail*, instalação militar utilizada para a detenção preventiva; e a *house of correction* ou *workhouse*, inspirada no modelo holandês, para os *felons* (delinquentes que praticavam delitos mais graves não sujeitos a penas de morte, nem corporais).[98]

Entre as causas de sua ascensão, situa-se a crise da pena capital, como instrumento incapaz de deter a crescente criminalidade que surgia da miséria na qual a Europa se encontrava.[99] A pena de morte não tinha mais o condão de reafirmar o poder soberano; ao contrário, provocava ondas de revolta na multidão que presenciava as execuções.

> na presença de um sistema socioeconômico como o feudal, no qual ainda não se historicizara completamente a ideia do 'trabalho humano medido no tempo' (leia-se, trabalho assalariado), a pena-retribuição, como troca medida pelo valor, não estava em condições de encontrar na privação do tempo o equivalente do delito. O equivalente do dano produzido pelo delito se realizava, ao contrário, na privação daqueles bens socialmente considerados como valores: a vida, a integridade física, o dinheiro, a perda de status.[100]

Ainda que com resistência a estas grandes transformações, em meados do século XVIII, é notória a emergência da prisão-pena, que se tornaria o centro do sistema penal, como inovação racional, e a pena

---

em celas subterrâneas, sórdidas, propícias a todos males bem como à corrupção moral e física dos reclusos e de seus guardiões. Nestas condições bárbaras, certos presos são predestinados a uma morte lenta." (CERÉ, Jean-Paul. **La Prison**. Connaissance du droit, Paris:Dalloz, 2007, p. 2) (tradução livre)

[98] MELOSSI, Dario e PAVARINI, Massimo. *Op. cit...*, p. 159

[99] SOUZA, Artur de Brito Gueiros. **Presos estrangeiros no Brasil. Aspectos Jurídicos e Criminológicos**. Rio de Janeiro:Lumen Juris, 2007, p. 120-121

[100] MELOSSI, Dario; e PAVARINI, Massimo. *Op. cit.*, p. 22

adequada aos crimes mais graves. Para este câmbio, foi determinante a instituição de casas de correção para apenados, agregada ao objetivo de "emenda" moral.[101]

Se até então, a prisão como pena autônoma, desacompanhada de qualquer outro sofrimento, ainda não havia se tornado a sanção predominante, poderia ser explicado pela crença de que a reclusão não traria nenhum benefício, nem aos governantes, nem à sociedade e, como se saberia depois, nem ao acusado ou condenado; os reclusos eram "parasitas", que deviam ser alimentados.[102]

No início do século XIX, graças ao Contrato Social, juntamente com os ideais liberais propagados pela Revolução Francesa e pela Declaração dos Direitos do Homem e do Cidadão nos Estados Unidos, os direitos humanos passaram a influenciar leis penais e prisões, proclamando a liberdade como valor supremo, em países como a França, Inglaterra e os Estados Unidos, o que levou ao completo abandono das penas corporais.

3.3.1 O surgimento dos sistemas penitenciários

A chegada da burguesia ao poder trouxe consigo o objetivo de correção das massas de indesejáveis e uma nova forma de controle social: a disciplina, que, aliada ao trabalho obrigatório, se apresentava como uma solução inovadora e possível. A primeira notícia que se tem de sua positivação é no Código Penal Francês de 1791: reclusão em

---

[101] *Ibidem*

[102] GUDÍN RODRÍGUEZ–MAGARIÑOS, Faustino. **Carcél Electrónica. Bases para la Creación del Sistema Penitenciario del Siglo XXI**. Numero 72, Colección Los Delitos. Valencia:Tirant Lo Blanch, 2007, p. 21

uma casa de detenção, que agregava não só o encarceramento, mas também o trabalho e a correção.[103]

Para tanto, tornaram-se imperativos o desenvolvimento da concepção da pena privativa de liberdade e a consequente estruturação da prisão, como método penal moderno.

Considerado o percussor da moderna Penologia, em 1677, padre Filippo Franci, fundou o Hospício de San Filippo Neri (Florença, Itália) para adolescentes problemáticos em confinamento noturno individual, sem contato com outros internos, com exercícios de "correção" e penitência e atividades laborais individuais diurnas.[104]

Ao escrever sua obra imortal, "Dos delitos e penas", Cesare Bonnessana, (Marquês de Beccaria), em 1764, já afirmava que as penas eram arbitrárias e bárbaras e cruéis. Contra a irracionalidade da punição, estabeleceu como postulados que o Direito Penal, em relação ao *ius puniendi*, é legitimo à luz do Contrato Social e da consequente necessidade de prevenção; a sanção rápida, segura e proporcional é mais eficaz que a cruel; a necessidade de observar o princípio da legalidade e o princípio da proporcionalidade; a abolição da pena corporal; e valor pedagógico da pena.[105]

Em 1777, John Howard, em meio a uma já grave e decadente situação prisional, publicou sua famosa obra *The State of Prisons in England and Wales*, na qual descrevia suas visitas às prisões do Reino

---

[103] FRANCE [França]. **Code Pénal**. Du 25 septembre a 6 octobre 1791 (Texte intégral original). Disponível em https://ledroitcriminel.fr/la_legislation_criminelle/anciens_textes/code_penal_25_09_1791.htm. Acesso em 23 mar. 2020

[104] SELLIN, Thorsten. Filippo Franci. A Precursor of Modern Penology. A Historical Note. **Journal of the American Institute of Criminal Law and Criminology**, Vol. 17, No. 1 (May, 1926), pp. 104-112. Northwestern University. Disponível em http://www.jstor.org/stable/1134308?origin=JSTOR-pdf. Acesso em 28 mar. 2020

[105] BECCARIA, Cesare Bonesana, Marchesi di. **Dos Delitos e das Penas**, trad. Flório de Angelis, Bauru:EDIPRO, 1ª ed., 5ª reimp., 2000, (Série Clássicos)

Unido. Trouxe um conceito de humanização e racionalização das penas, cujo caráter, até então, era meramente retributivo e punitivo.[106] Ele propunha uma arquitetura penitenciária adequada e um sistema baseado em recolhimento celular, com condições higiênicas, médicas e alimentares adequadas; separação de presos; reforma moral pela religião; e trabalho diário.

No ocaso do Absolutismo e ascensão do Iluminismo, a prisão provocava um sentimento de repúdio, pela associação com o despotismo do monarca e sua utilização como meio de repressão política e penal, que se tornariam causas de revoltas populares, cujo ápice seria a queda da Bastilha (Paris, 1789).

Na virada do século XVIII para o século XIX, Jeremy Bentham também criticava os métodos cruéis comuns nas prisões, ao mesmo tempo em que procurava um sistema de controle social ou do comportamento humano. Influenciado pelo positivismo, ropôs uma construção sob a forma do panóptico (*Panopticon*)[107], cuja função era a inspeção permanente, pela possibilidade de, com poucas pessoas, transmitir a ideia de que os indivíduos encarcerados estavam sob constante vigilância, modelo que seria replicado não só no âmbito prisional, mas também nas forças armadas, nos hospitais, escolas e fábricas. [108]

---

[106] MELOSSI, Dario e PAVARINI, Massimo. *Op.cit.*, p.79-80
[107] BENTHAM, Jeremy. L'Oeil du Pouvoir (El Panoptico). trad. María Jesús Miranda. VARELA, Julia; ALVAREZ-URÍA, Fernando (Coord.). **Genealogía del Poder**. Madrid:Las Ediciones de La Piqueta, 1979
[108] "*O dispositivo panóptico organiza unidades espaciais que permitem ver sem parar e reconhecer imediatamente. Em suma, o princípio da masmorra é invertido; ou antes, de suas três funções — trancar, privar de luz e esconder — só se conserva a primeira e suprimem-se as outras duas. A plena luz e o olhar de um vigia captam melhor que a sombra, que finalmente protegia. A visibilidade é uma armadilha.*" (FOUCAULT, Michel. *Op. cit.*, p. 190)

Para este fim, as edificações eram dotadas de uma torre central, de onde era possível vigiar todas as celas situadas na construção circular e com uma janela externa, para penetração da luz, e outra interna, para o olhar do vigilante. Ainda que representassem uma evolução em relação aos calabouços, estas aberturas permitiam uma observação permanente dos apenados, sem serem vistos por eles, que, mesmo assim, sentiam-se sempre vigiados. Deveria, ainda, haver tubos de metal, em cada cela, ligados diretamente à torre, para que o vigilante pudesse se comunicar com cada preso.

Nos fins do século XVIII, graças às ideias difundidas por Beccaria, John Howard e Jeremy Bentham, começam a surgir as bases conceituais e ideológicas que orientariam o estabelecimento da prisão como instituição: os sistemas penitenciários. Sua origem é identificada nos estabelecimentos das *Rasphuis* e *Spinhis* holandesas, nas *Houses of Correction* (*Bridewells*) inglesas e em experiências similares na Alemanha e Suíça.[109]

Com seu surgimento, o tratamento dos presos foi humanizado e a prisão passou a apresentar uma finalidade corretiva, através do trabalho forçado, disciplina, instrução religiosa e, se necessário, castigos corporais. A pena passou a ter a finalidade não apenas de retribuição e expiação, mas também de prevenção da reincidência e do crescimento das taxas de criminalidade.

Em 1790, seguindo a linha adotada na Holanda e Inglaterra e por influência das seitas *quakers*[110], os jardins da prisão de *Walnut*

---

[109] *Ibidem*, p. 173

[110] Grupos religiosos, com origem em movimento protestante britânico do século XVII, que sugeria uma nova leitura da fé cristã, então afastada de seus valores originais. Rejeitavam as organizações clericais e prezavam a igualdade, simplicidade e as ações pacifistas, beneficentes e solidárias. São a origem de importantes organizações, como Greenpeace e Amnistia Internacional. (QUAKER. **A gateway to Quakerism**. Disponível em http://www.quakerinfo.org/index. Acesso em 1 jul. 2021)

Street, em Filadélfia (Estado da Pensilvânia), foram transformados em local de confinamento solitário (*solitary confinement*) de condenados à pena de prisão e dos internos de *workhouses* de outras cidades da Pensilvânia. Em 1829, foi inaugurada a Eastern State Penitentiary, com sete alas e 250 celas individuais, com aquecimento central, banheiros privativos, iluminação natural e área externa para atividades físicas. O sistema pensilvânico (ou da Filadélfia), também adotado na Bélgica, foi reproduzido em Nova York, Massachusetts, Maryland e Vermont.

Por este sistema, de extremo rigor, baseado no silêncio e na segregação, os condenados mais perigosos sujeitavam-se ao isolamento celular absoluto, recebendo visitas apenas do guarda, do diretor do estabelecimento e do capelão (*solitary system*). O isolamento só terminava ao final da pena ou com a morte. Acreditavam que a religião era a única base reeducativa e, por meio da reclusão absoluta, retornariam a Deus; em razão disso, a única atividade permitida era a leitura da Bíblia Sagrada.

A segregação justificava-se diante do temor de corrupção por outros criminosos irrecuperáveis e de promiscuidade, fuga, rebeliões e falta de higiene. Nestes casos, o trabalho também não era permitido, porque afastaria os reclusos da reflexão. Os criminosos comuns permaneciam em celas, sendo-lhes permitido o trabalho diurno, coletivo, porém silencioso e sem nenhum compromisso com a produtividade.

Seu fracasso adveio do enorme crescimento da população carcerária, abandonando-se a disciplina e transformando-se em um local de desordem. Por ironia, seus inconvenientes consistiam exatamente na segregação e silêncio.[111][112]

---

[111] RUSCHE, Georg; e KIRCHHEIMER, Otto. *Pena y Estructura Social*, p.151-152
[112] BITENCOURT, Cezar Roberto. *Op.cit.*, p. 78

Ainda houve outra tentativa, com a construção de duas novas prisões: *Western Penitenciary* (Pittsburgh, PA, 1818), com o modelo arquitetônico do panóptico de J. Bentham, na qual o regime era de isolamento absoluto. Diante de seu fracasso, na *Eastern Penitenciary* (Philadelphia, PA, 1829), foi permitido o trabalho dentro das celas.[113]

Devido à sua improdutividade, face à impossibilidade de mecanização, o trabalho carcerário tornou-se um ônus para o Estado, além de um fracasso em termos de recuperação do condenado. Com isso, o sistema, que já fora considerado cruel, mostrou-se absurdo, em razão da crescente necessidade de mão de obra para a agricultura e industrialização. A esta época, a imigração e a escravidão, que já havia sido bastante restringida por leis e tratados assinados pelas nações do mundo "civilizado" e impostas às demais, não supriam mais as necessidades de trabalhadores.

Na década de 1820, surgiu o sistema auburniano (Auburn, NY), estruturado sobre o isolamento celular noturno (*solitary confinement*), trabalho diurno conjunto (*common work*) e silêncio (*silent system*), para meditar e orar, valorizando a disciplina e a educação. Os detentos eram classificados e separados fisicamente, de acordo com o tempo de condenação. Em seus primórdios, foi introduzido o *congregate system*, com isolamento noturno em celas individuais, trabalho diurno comum e proibição de comunicação entre os presos, sob ameaça de castigos corporais.[114]

Entre as vantagens destes modelos, encontrava-se a menor necessidade de vigilância; a impossibilidade de reunião, evitando a organização dos detentos; e a organização eficiente do trabalho, com a incorporação da mecanização. A estrutura fabril assumida propiciou sua

---

[113] *Ibidem*, p. 79
[114] LYRA, Roberto. **Comentários ao Código Penal** (Decreto- lei nº 2.848, de 7 de dezembro de 1940), Volume II, artigos 28 a 74, 2ª edição, Rio de Janeiro:Forense, 1958, p. 95

implantação com menores custos que o sistema anterior, já que a disciplina advinha da própria atividade laborativa; e autossuficiência financeira, tornando-se até uma fonte de receita para o Estado, o que lhe conferiu uma vantagem. Seu modelo de produção foi particularmente interessante frente à necessidade de produtos manufaturados, surgida da Guerra de Secessão (1861-1865).

O declínio do Colonialismo terminou por reduzir a necessidade de mão de obra, acirrando a competitividade entre o trabalho carcerário e o trabalho livre e levando à progressiva extinção deste sistema, em razão de restrições ao uso da mecanização e à venda da produção apenas para o Estado.

Ainda assim, até meados do século XIX, havia uma notória preferência pelo sistema pensilvânico, àquela época considerado mais humano e civilizado. No entanto, para os europeus, era um sistema indulgente, pelo qual corria-se o risco de aferir o bom comportamento do detento apenas por sua produtividade.[115] Na realidade, era intimidador, devido à perspectiva da solidão contínua, causadora de distúrbios mentais e suicídios, pois o isolamento só era aliviado por um trabalho inútil e repetitivo, que não passava de uma tortura moral.

A partir de 1850, quando a pena privativa de liberdade já fora consagrada como o centro do sistema penal, surgiram, na Europa, os sistemas progressivos, inspirados pelos modelos norte-americanos. Suas espinhas dorsais eram a divisão do tempo de condenação em períodos, nos quais eram distribuídos benefícios, como contrapartida pelo bom comportamento carcerário; e o aproveitamento das atividades reabilitadoras, progredindo-se até a antecipação da liberdade. Em suma, seu rigor era inversamente proporcional à boa conduta do recluso e seu objetivo era estimulá-lo, buscando sua adesão à reabilitação, por meio da qual ele se prepararia para a reintegração à vida em sociedade.

---

[115] RUSCHE, Georg; e KIRCHHEIMER, Otto. *Pena y Estructura Social*, p. 156-157

Pelo sistema progressivo inglês (*mark system*), idealizado por Alexander Maconochie[116], a duração da pena e as condições de sua execução eram determinadas pela conjugação da gravidade do crime com o trabalho e bom comportamento carcerário, representados por uma soma de marcas, pontos ou vales, como em uma conta corrente. Estabelecia-se uma determinada pontuação, para obtenção do direito à progressão de regime, visando à antecipação da liberdade, o que levava praticamente a uma condenação indeterminada, dependente exclusivamente da vontade e da adesão do condenado.[117]

Durante o período de prova, o recluso permanecia em isolamento celular diurno e noturno, podendo exercer trabalho obrigatório e pesado. Em seguida, passava à *workhouse*, sob o regime de trabalho silencioso e coletivo, com isolamento noturno. Esta fase era dividida em classes, às quais o condenado ascendia, mediante obtenção de certa pontuação, até alcançar o terceiro e último estágio: livramento condicional, cuja vigência era determinada e, após a qual, se transcorrida sem revogação, ele obtinha a liberdade definitiva.

---

[116] "Os Cavalheiros de Maconochie retratam o Capitão Alexander Maconochie e seus anos na Ilha Norfolk da mesma forma. Na minha própria vida, estou muito envolvido em questões de prisão. Neste livro eu tento lidar com algumas dessas questões enquanto elas surgiam na prisão da ilha de Maconochie. Até sua chegada, a Ilha Norfolk tinha se equiparado em brutalidade e sofrimento ao assentamento francês na Ilha do Diabo e o assentamento russo nas Ilhas Sacalina (veja "A Ilha de Sacalina", de Anton Chekhov). Foi a prisão mais severa no nível consideravelmente severo de prisões britânicas existentes. O chicote, o esquartejamento, a mordaça e a "filha do varredor" [cegonha] frequentemente acompanhavam os prisioneiros até as celas mais úmidas. Esta não é uma história de prisão incessantemente sombria. Sua esposa e seis filhos acompanharam Maconochie até a Ilha Norfolk. Muito da história é sobre estes "outros prisioneiros"". (MORRIS, Norval. **Maconochie's Gentlemen: the story of Norfolk Island & the roots of modern prison reform**. New York:Oxford University Press, 2002) (tradução livre)
[117] MCCONVILLE, Sean. The Victorian Prison. In: MORRIS, Norval and ROTHMAN, David J. (Org.) *Op.cit.*, p.121

O sistema progressivo irlandês, de Walter Crofton (1854), nada mais era que um aperfeiçoamento do sistema inglês, apresentando um estágio intermediário entre a prisão em estabelecimento fechado e o livramento condicional (prisão intermediária). Assim, passou a ter quatro fases distintas: isolamento diurno e noturno, cumprido em cela de prisões centrais ou locais; trabalho silencioso e coletivo diurno e isolamento noturno, quando havia classes às quais o condenado ascendia, com mais privilégios e liberdade - remuneração, alimentação, tipo de trabalho, visitação, acomodações, volume de correspondência - mediante obtenção de certa pontuação.

A etapa seguinte correspondia à prisão intermediária: trabalho extramuros e alojamento em estabelecimentos de baixa ou nenhuma vigilância, evoluindo para o livramento condicional, nos moldes do sistema inglês, características que o consagraram como o mais moderno dos sistemas progressivos.

Vale destacar, também, o sistema de Montesinos[118], instituído no *Presidio de San Augustin* (Valência, Espanha) e caracterizado por seu humanitarismo, individualização, baixíssimas taxas de reincidência e incipiente progressividade.[119] Seus pilares podiam ser resumidos no binômio trabalho e liberdade, como início da reintegração social, caracterizando-se pelo respeito à dignidade do preso, impedindo as sanções infamantes, limitadas por um regulamento disciplinar; pelo fim

---

[118] Percussor do sistema penitenciário progressivo, o militar Manuel Montesinos y Molica desempenhou um importante papel na história do sistema progressivo, com uma nova concepção de tratamento penal, após experimentar o fracasso do sistema de isolamento de presos.

[119] SANZ DELGADO, Enrique. Los orígenes del sistema penitenciario español: Abadía y Montesinos. In: TERRADILLOS BASOCO, Juan Maria (Coord.). **Marginalidad, cárcel, las "otras" creencias: primeros desarrollos jurídicos de "La Pepa".** Departamento de Fundamentos del Derecho y Derecho Penal, Universidad de Alcalá. Cádiz: Servicio de Publicaciones de la Diputación de Cádiz, 2008, p. 122. Disponível em https://dialnet.unirioja.es/servlet/articulo?codigo=3117422. Acesso em 29 mar. 2020

ressocializador da pena; pela reabilitação pelo trabalho remunerado; pela socialização do apenado; pela concessão de saídas; pela integração entre os presos heterogêneos; pela segurança mínima; e pelo livramento condicional.[120]

Em oposição ao isolamento celular, admitia, inclusive, as permissões de saída, precursoras do regime aberto, que via com bons olhos a socialização e integração entre indivíduos de grupos homogêneos. O sistema registrou grande êxito, com taxas de reincidência caindo de 35% a quase 0%.[121]

Registre-se também o sistema de Georg Michael Von Obermaier, diretor de prisões na Baviera (1830) e em Munich (1842), que entendia que os presos deveriam ser treinados para uma vida social normal, com instrução escolar e profissional e a criação de hábitos relacionados ao trabalho pesado e companheirismo. Além disso, com educação moral e religiosa, que levasse a uma moral realista e auto confiança saudável, em substituição a auto reflexão e penitência.[122] O tratamento penitenciário caracterizava-se pelo silêncio obrigatório e composto de fases, cuja primeira consistia na convivência entre os reclusos, quando se observavam suas personalidades, seguida por outra, na qual eles eram agrupados homogeneamente, para trabalhos e, através destes e da conduta, progrediam à etapa da liberdade antecipada.[123]

---

[120] BITENCOURT, Cezar Roberto. *Op. cit.*, p.106-108

[121] *Ibidem*, p. 103

[122] HOEFER, Friedrich. George Michael Von Obermaier. A Pioneer in Reformatory Frocedures. Summer 1937. p. 24 **Journal of Criminal Law and Criminology**. v. 28. Issue 1 *May-June* Article 3. Northwestern University. [s.d]. Disponível em https://scholarlycommons.law.northwestern.edu/cgi/viewcontent.cgi?article=2701&context=jclc. Acesso em 1 jul. 2021

[123] LÓPEZ MELERO, Montserrat. **Evolución de los Sistemas Penitenciarios y de la Ejecución Penal**. Anuario Facultad de Derecho. Universidad de Alcalá V, 2012, p. 422. Disponível em https://ebuah.uah.es/dspace/handle/10017/13803. Acesso em 29 abr. 2020

O ideário positivista e o sistema progressivo irlandês serviram de base ao surgimento dos reformatórios, nos Estados Unidos da América. O sistema de Elmira (Nova York) foi aplicado a partir de 1876, em uma instituição para homens de 16 a 30 anos, primários, cuja internação era indeterminada, com apenas prazo mínimo e máximo.[124]

Em um sistema que era, ao mesmo tempo, pena e medida de segurança, após uma avaliação inicial do condenado, ele era submetido a uma pontuação, de marcas ou vales, obtidos por meio do trabalho, conduta e instrução, sendo este o mais importante componente de sua reforma.

Começando no segundo grau da classificação, após seis meses de boa conduta, ele progredia ao primeiro nível, quando recebia melhor alimentação e uniforme militar e desfrutava de mais confiança; do contrário, retrocedia ao terceiro nível. Completado o primeiro grau, ele tinha direito ao livramento condicional, no qual permanecia por mais seis meses, com supervisão mensal.[125] Se reincidisse, retornava ao reformatório.

Em 1915, começou o declínio do prestígio deste e dos demais reformatórios norte-americanos, pois, apesar da oferta de programas de lazer, a disciplina rígida, que incluía castigos corporais severos, provocava uma depressão constante nos jovens internos, que não contavam com uma reabilitação social.

O sistema Borstal, instituído na década de 1900, em uma antiga prisão na cidade de mesmo nome (Inglaterra), tinha caráter progressivo e foi aplicado a reincidentes de 16 a 21 anos, com sentenças variáveis

---

[124] Elmira. In: **Correction History** [s.d] [s.l.]. Disponível em http://www.correctionhistory.org/html/chronicl/docs2day/elmira.html. Acesso em 29 abr. 2020

[125] TEXAS. Senado. **Parole: Now & Then**. In Brief. Senate Research Center, May 1999. Disponível em https://www.yumpu.com/en/document/view/26224106/parole-then-and-now-senate. Acesso em 30 abr. 2020

entre nove meses e três anos.[126] Diante de seu êxito, foi estendido a todos os internos. Era baseado seu estudo físico e psíquico, que definia o setor ao qual deveriam ser enviados – com menor ou maior segurança; urbanos ou rurais; ou, ainda, para doentes mentais.

A progressão era iniciada no grau ordinário, com duração de três meses e características do sistema filadélfico, prosseguindo para outro, no qual os internos eram observados, com características do sistema auburniano. Nos subsequentes - intermediário, probatório e especial - o sistema ia sendo amenizado, com socialização, instrução, leitura de jornais, correspondência quinzenal e jogos, até chegar à quase liberdade condicional, com trabalho sem vigilância direta, fumo diário, correspondência, visitas semanais e emprego no mesmo estabelecimento.

Seu sucesso foi atribuído à capacidade e especialização do pessoal, à instrução dos internos e à disciplina baseada na educação, confiança e superação dos métodos tradicionais de humilhação e sofrimento.

3.4 Prisão ressocialização

Transformado no Código Penal de 1940, o projeto elaborado por Nelson Hungria no governo Getúlio Vargas, manteve a pena privativa de liberdade no centro do sistema de sanções penais (*artigos 28 a 34*) e,

---

[126] WARDER, John. WILSON, Reg. The British Borstal Training System. **Journal of Criminal Law and Criminology**. v. 64. Issue 1 Article 9. Northwestern University. [s.d]. Disponível em https://scholarlycommons.law.northwestern.edu/cgi/viewcontent.cgi?article=5843&context=jclc Acesso em 30 abr. 2020

em sua execução, deveria prezar pela recuperação social do preso. A adoção da periculosidade como critério para a individualização da pena aponta para as finalidades de tratamento, readaptação e ressocialização do preso, em lugar da mera retribuição.

Para isso, adotou um sistema progressivo, no qual o condenado atravessava regimes, ou estágios, correspondentes aos regimes penitenciários, indo da reclusão total até à liberdade condicional e, ao fim, à liberdade definitiva. A Lei 6.416/1977 inovou o Código Penal de 1940, ao adotar os regimes fechado, semiaberto e o aberto (*artigo 29, §§ 2º e 6º*), determinados pela periculosidade do agente. [127]

O sistema penitenciário está para o gênero, assim como o regime penitenciário está para a espécie. Este trata do conjunto dos critérios e métodos para a execução das prisões provisórias, penas privativas de liberdade e medidas de segurança, com os objetivos de redução das diferenças entre a vida prisional e a vida em liberdade; possibilidade de aplicação individualizada do tratamento penitenciário; preparação do preso para a futura vida livre; garantia do respeito aos direitos fundamentais do preso e colaboração eficaz para a realização da defesa social.[128]

Além de estabelecer os diversos regimes, facultou o isolamento celular inicial (*artigo 30*) e o início de cumprimento em regime menos

---

[127] BRASIL. **Lei nº 6.416 de 24 de maio de 1977**. Altera dispositivos do Código Penal (Decreto-lei nº 2.848, de 7 de dezembro de 1940), do Código de Processo Penal (Decreto-lei nº 3.689, de 3 de outubro de 1941), da Lei das Contravenções Penais (Decreto-lei nº 3.688, de 3 de outubro de 1941), e dá outras providências. Disponível em http://www2.camara.leg.br/legin/fed/lei/1970-1979/lei-6416-24-maio-1977-366407-publicacaooriginal-1-pl.html. Acesso em 30 abr. 2020

[128] MORAES, Benjamim. Execução das Penas Privativas de Liberdade. **Revista da Faculdade de Direito da Universidade Federal de Goiás**, vol. 5, n. 1-2 (1981). Disponível em http://www.revistas.ufg.br/index.php/revfd/article/download/11741/7711. Acesso em 30 abr. 2020

rigoroso (*artigo 29, § 5º*), além de reformular a disciplina do livramento condicional (*artigo 60 e 63*), que vieram a consolidar o sistema penitenciário progressivo irlandês. Ele foi mantido e revisto pela Lei de Execução Penal (*Lei 7.210/84, artigos 112 e 118*) e pela Reforma da Parte Geral do Código Penal (*Lei 7.209/84, artigo 33, § 2º*), que, juntos, disciplinam a forma progressiva e regressiva de cumprimento de penas privativas de liberdade e do livramento condicional.

3.5 Prisão depósito

> Dez graçado, Dez humano, Dez truidor, Dez ligado, Dezfigurado, Dez engonçado, Dez agregador, Dez temperado, Dez trambelhado, Dez informado.[129]

Embora constitua a sanção penal por excelência, tem sido notória a ineficiência das penas privativas de liberdade em sua finalidade preventiva. O sistema de medidas repressivas adotado pela Reforma da Parte Geral do Código Penal (1984), que, a julgar pelo texto original do Projeto de Reforma do Código Penal (Projeto de Lei do Senado nº 236 de 2012)[130,] deve ser mantido, preserva sua primazia como sanção e mais expressivo instrumento de controle social.

Se há 50 anos, mais de dois terços da população brasileira viviam no campo, hoje mais de 80% dos brasileiros vivem nas zonas urbanas[131]. Algumas das causas e consequências destes movimentos demográficos apresentam repercussão direta no fenômeno criminoso:

---

[129] Frase manuscrita em uma porta na Penitenciária Lemos de Brito (Salvador-BA)

[130] BRASIL. Senado Federal. Projeto de Lei do Senado nº 236 de 2012. Senador José Sarney (MDB/AP). **Reforma do Código Penal Brasileiro.** Disponível em https://legis.senado.leg.br/sdleg-getter/documento?dm=3515262&ts=1645029382318&disposition=inline. Acesso em 5 mai. 2020

[131] BRASIL. Instituto Brasileiro de Geografia e Estatística. **Taxa de urbanização.** Disponível em https://www.ibge.gov.br/apps/snig/v1/?loc=0,0U&cat=-1,1,2,-2,-3,128&ind=4710. Acesso em 5 mai. 2020

em sua origem, a mudança nas relações de produção, com o aumento de produtividade, que termina por reduzir os níveis de emprego, trazendo a falta de perspectivas de sobrevivência; no destino, a demanda por força de trabalho geradora de oportunidades, que, se frustradas, dificultam, quando não inviabilizam, uma inserção socioeconômica dos migrantes.[132]

Este fenômeno foi mais acentuado nas grandes cidades, em torno das quais surgiram "cinturões", dando origem às regiões metropolitanas. Nestes locais, não houve as necessárias políticas públicas de habitação, saneamento, saúde, educação, transporte, segurança, justiça, lazer, criando ali uma legião de vulneráveis - jovens com pouca escolaridade, desempregados, idosos, doentes, dependentes químicos, portadores de necessidades especiais e famílias monoparentais.

> Após focar a ligação entre o surto de violência e criminalidade com o surgimento da megalópole, fruto da industrialização, da urbanização crescente e do êxodo rural correlato, dando margem à proliferação das favelas, com a formação de subcultura do crime e o agravamento do problema do menor abandonado e carente, a alimentar os caudais da delinquência, refere-se a dados vindos, à luz na CPI do Menor, na Câmara dos Deputados, segundo os quais temos cerca de 25 milhões de menores carentes, citando algumas das causas responsáveis pela criminalidade nesse segmento da população, entre as quais o abandono material e

---

[132] FRANCO, Elias. Brasil deve ter déficit de trabalhadores qualificados até 2023, aponta pesquisa. **CNN Brasil**. 5 jul. 2021. Disponível em https://www.cnnbrasil.com.br/business/brasil-deve-ter-deficit-de-trabalhadores-qualificados-ate-2023-aponta-pesquisa/ Acesso em 6 jul. 2021

moral, as condições precárias de saúde, a permanência excessiva nas ruas e em ambientes nefastos e prejudiciais, a falta de qualificação profissional e o exercício de atividades marginais e antissociais.[133]

Em consequência, a partir da segunda metade do século XX e, mais acentuadamente, da década de 1980, esses fatores, aliados à banalização da violência por conflitos (África, Oriente Médio e Balcãs) e pela própria mídia, que a transformou em espetáculo, tornaram-se vetores de uma escalada de criminalidade, que provocou expressivo crescimento da população carcerária.[134]

Esta curva ascendente coincide com a redemocratização do país, consolidada pela edição da Constituição Federal de 1988; e com a adoção dos substitutivos penais na década de 1990. Percebe-se que o regime de exceção e a ideologia de segurança nacional foram substituídos por um "inimigo" interno: a violência urbana, potencializada pelo tráfico de drogas. No plano social, houve uma

---

[133] BRASIL. Senado Federal. **Relatório da Comissão Parlamentar de Inquérito criada pela Resolução do Senado Federal n° 1, de 1980 destinada a examinar a violência urbana, suas causas e consequências**, Relator: Senador Murilo Badaró, p. 2. Disponível em http://www.senado.gov.br/atividade/materia/getPDF.asp?t=66908&tp=1. Acesso em 5 mai. 2020

[134] Para Nilo Batista, a criminalidade - somatório das condutas infracionais que se manifestam na realidade social - é aquela registrada, pois sugere uma falsa totalidade que cumpre, no discurso político-criminal, tarefas ideologicamente importantes. Na verdade, a criminalidade registrada é criminalização, porque a seletividade operativa do sistema penal modelando qualitativa e quantitativamente o resultado final da criminalização secundária – isto é, quem e quantos ingressarão nos registros – faz dele um procedimento configurador da realidade social (BATISTA, Nilo. *Intervenção no XIII Congresso Internacional de Direito Comparado*. Rio de Janeiro, 27 de setembro de 2006. Mimeo, p. 1 *apud* BATISTA, Vera Malaguti. Criminologia e Política Criminal. Passagens. **Revista Internacional de História Política e Cultura Jurídica**, vol. 1, n. 2, Rio de Janeiro, jul/dez, 2009, p. 22. Disponível em http://www.historia.uff.br/revistapassagens/artigos/v1n2a22009.pdf. Acesso em 6 mai. 2020)

transformação qualitativa da criminalidade. Os crimes passionais deram lugar à criminalidade patrimonial: desde furto e roubo nas ruas à corrupção, desvio de verbas públicas e tráfico de drogas e contrabando.

Nas últimas décadas, a criminalidade no interior dos estabelecimentos penitenciários, nos quais grupos organizados controlam e dirigem um contingente de presos suscetíveis a qualquer forma de doutrinação, tem provocado mudanças na própria ideologia de tratamento, dando lugar a unidades penitenciárias especiais - Regime Disciplinar Diferenciado (RDD), instituído pela Lei 10.792/2003 (*Lei 7.210/2004, artigo 52*) - como parte de uma política, que envolve também a privatização da segurança e o emprego da tecnologia, inclusive no plano legislativo, com a adoção do monitoramento eletrônico de presos (*Código de Processo Penal, artigo 319 e Lei de Execução Penal, artigo 146-B*).

A política criminal do Brasil redemocratizado ainda vive a dualidade entre a adoção de uma agenda progressista, com uma produção legislativa voltada para a garantia de inclusão social (*v.g.* Lei de Execução Penal, Estatuto da Criança e do Adolescente, Estatuto do Idoso, Lei Maria da Penha); e a despenalização (ex. Lei dos Juizados Especiais Criminais, Lei das Penas Alternativas e Acordo de Não Persecução Penal), partindo da premissa que o crime e a violência estão interligados e, portanto, demandam soluções conjuntas.

De outro lado, nela ainda se encontram sinais de conservadorismo, manifestado em políticas extremistas, de caráter notoriamente simbólico, com intensificação da tendência punitivista. Inspirada na política criminal norte americana da "tolerância zero"[135]

---

[135] De modo sintético, a política criminal da "tolerância zero" desenvolvida pelo criminólogo George L. Kelling e pelo cientista político James Q. Wilson e adotada na cidade de Nova York na década de 1980, baseava-se no princípio de que sinais visíveis de delinquência, de comportamento antissocial e desordem civil e administrativa criariam um ambiente criminógeno. (KELLING, George L.; WILSON,

[136], condutas anteriormente consideradas de menor importância passaram a ser cada vez mais criminalizadas.

Para alcançar uma segurança social, não raramente o legislador tem legislado simbolicamente, cominando penas que não atendem ao princípio da proporcionalidade, por acreditar que a severidade será suficiente para recrudescer a criminalidade. No entanto, esta Política Criminal repressiva - no âmbito legislativo, judiciário, penitenciário e da segurança pública - conseguiu apenas provocar um encarceramento maciço e crescente, que, no Brasil, já ultrapassa a cifra de mais de meio milhão de pessoas.

> São muitas as causas da superlotação, destacando-se:
>
> a) a fúria condenatória do Poder Judiciário;
>
> b) a priorização pelo encarceramento, ao invés de penas e medidas alternativas;
>
> c) aparato jurídico voltado para o endurecimento das penas;
>
> d) falta de construção de unidades prisionais;
>
> e) falta de construção de estabelecimentos penais destinados a presos em regimes semiaberto e aberto;
>
> f) número insuficiente de casas de albergado, e hospitais de custódia e tratamento psiquiátrico nas unidades federadas, consoante determina a LEP,

---

James Q.. Broken Windows. The police and neighborhood safety. Mar. 1982, **The Atlantic.** Disponível em https://www.theatlantic.com/magazine/archive/1982/03/broken-windows/304465/. Acesso em 9 mai. 2020)

[136] SHECAIRA, Sérgio Salomão. Tolerância Zero. **Revista Brasileira de Ciências Criminais**, v.17, n.77, p.261-280, 2009, São Paulo:IBCCrim

obrigando internados a permanecerem alocados com presos condenados a pena privativa de liberdade.[137]

Em três décadas (1990-2020), graças à expansão do *input* e às restrições ao *output*, a taxa de encarceramento brasileira saltou de 61,39 para 383,52 presos em cada 100 mil habitantes, uma cifra absurda, mesmo diante de uma tímida tendência de declínio.[138]

> Não há vagas nos presídios. Solução do *establishment*: indultos natalinos e afrouxamento no cumprimento das penas (o Brasil é o único país do mundo em que um assaltante cumpre apenas uma quinta parte da pena). Alguém acha que as autoridades assim agem porque acreditam na "recuperação" dos presos? Claro que não. As autoridades agem assim porque fazem uma análise econômica. Os presídios — autênticas masmorras medievais — são como "hotéis". As diárias vencem. Alguns saem, outros entram. O próprio governo concorda que os presídios são masmorras. Mas não investe. Prefere fazer "projetos". Mesmo assim, são mais de quinhentos mil presos. E, então?[139]

---

[137] BRASIL. Câmara dos Deputados. Centro de Documentação e Informação. **CPI Sistema Carcerário**. Brasília, 2009. p. 247. Disponível em http://bd.camara.gov.br/bd/bitstream/handle/bdcamara/2701/cpi_sistema_carcerario.pdf. Acesso em 19 jun. 2021

[138] SILVA, Camila Rodrigues da (et al.). Com 322 encarcerados a cada 100 mil habitantes, Brasil se mantém na 26ª posição em ranking dos países que mais prendem no mundo. Monitor da Violência. G1. **Globo**, 17.05.2021. Disponível em https://g1.globo.com/monitor-da-violencia/noticia/2021/05/17/com-322-encarcerados-a-cada-100-mil-habitantes-brasil-se-mantem-na-26a-posicao-em-ranking-dos-paises-que-mais-prendem-no-mundo.ghtml Acesso em 17.05.2021

[139] STRECK, Lênio. Direitos do cidadão do tipo "azar o seu". **Consultor Jurídico**, Coluna Senso Incomum, São Paulo, 13 set. 2012. Disponível em < http://www.conjur.com.br/2012-set-13/senso-incomum-direitos-cidadao-tipo-azar> Acesso em 1 jul. 2021

Sob o aspecto normativo, o aumento das taxas de encarceramento poderia ser atribuído aos mandados constitucionais de criminalização advindos da Constituição Federal de 1988, que ampliaram a criminalização primária, a partir da criação de novos tipos penais ou aumentando as causas de aumento de pena e circunstâncias qualificadoras; e ao endurecimento da legislação, exasperando as sanções mínima e máxima cominadas a cada um dos tipos já existentes (ex. Lei 11.343/2006); aumentando o rol de efeitos da condenação; restringindo o alcance da prescrição.

Além disto, foram agravadas as normas relativas à execução penal, sobretudo em razão das sucessivas e extensivas modificações na Lei dos Crimes Hediondos (Lei 8.072/1990) e, mais recentemente, da Lei 13.964/2019 conhecida como Pacote Anticrime).[140]

No plano processual, a redução de condições de procedibilidade (ex. Lei 11.340/2006); a abreviação do procedimento penal; a ampliação das possibilidades de prisão cautelar, com a criação da prisão temporária (Lei 7.960/1989); a ampliação da prisão preventiva, as novas hipóteses de inafiançabilidade e a vedação à liberdade provisória (Lei 7.716/1989; Lei 8.072/1990, com a alteração da Lei 8.930/1994; Lei 9.034/1995; e Lei 9.455/1997) contribuíram para estes números.

Acrescente-se a este quadro, a Lei 10.792/2003 (Regime Disciplinar Diferenciado), que ampliou o poder da autoridade

---

[140] *"[...] não há incompatibilidade entre o Estado social e democrático de direito e a inexistência de obrigação por parte do legislador ordinário de criminalizar; ou seja, o fato de ser adotada essa forma de Estado não significa que o Direito Penal deva tutelar todos os direitos sociais, ainda que fundamentais, albergados pela Constituição, ou que deva promover o* desenvolvimento social, ou ensinar à população a importância de tais direitos." (PASCOAL, Janaina Conceição. **Constituição, criminalização e Direito Penal Mínimo**, São Paulo:Revista dos Tribunais, 2003, p.136)

administrativa para a qualificação das faltas e aplicação de sanções aos presos.

Neste contexto, o objetivo parece ser o controle dos delinquentes tradicionais e de grupos sociais anteriormente excluídos do controle criminal (criminosos econômicos ou de "colarinho branco"), a partir do endurecimento da legislação penal e de sua interpretação e aplicação. No entanto, em todo o mundo, esse movimento criminalizador há muito não tem produzido os resultados visados na contenção da violência e criminalidade, agravando ainda mais a superlotação carcerária e os problemas que lhe são inerentes.

> O sistema carcerário e penitenciário, falho e obsoleto, com estabelecimentos em número insuficiente, e estes, por sua vez, com instalações inadequadas e pessoal despreparado, superpopulação e promiscuidade, com o cortejo de violências físicas - principalmente sexuais - e morais, ociosidade e ruptura dos laços familiares dos delinquentes, funcionam como verdadeiras universidades do crime. O egresso, piorado no sistema ao invés de recuperado, e rejeitado pela sociedade, é candidato à reincidência, na maioria dos casos.[141]

Apesar do controle estatal – Poder Legislativo, Poder Judiciário, Ministério Público e polícia - se voltar predominantemente para os estratos mais baixos da sociedade, identificados com a criminalidade de massa[142], de maneira geral, esta percepção, aliada a esta crise dos

---

[141] BRASIL. Senado Federal. **Relatório da Comissão Parlamentar de Inquérito criada pela Resolução do Senado Federal n° 1, de 1980 destinada a examinar a violência urbana, suas causas e consequências**, p. 193. Disponível em http://www2.senado.leg.br/bdsf/handle/id/194602. Acesso em 1 jul. 2021

[142] A seletividade do sistema penal manifesta-se através de estereótipos: comportamentos, incriminados e vitimizados. Normalmente, volta-se para os

mecanismos institucionais, provoca indignação em vários segmentos sociais, levando ao paradoxo do clamor por uma persecução e punição cada vez mais severas, que contraria as recomendações a favor da utilização do Direito Penal, especialmente da pena privativa de liberdade, como *ultima ratio*.

> Assim vivem os presos no Brasil. Assim são os estabelecimentos penais brasileiros na sua grande maioria. Assim é que as autoridades brasileiras cuidam dos seus presos pobres. E é assim que as autoridades colocam, todo santo dia, feras humanas jogadas na rua para conviver com a sociedade. O resultado dessa barbárie é a elevada reincidência expressa em sacrifício de vidas humanas, desperdícios de recursos públicos, danos patrimoniais, elevados custos econômicos e financeiros e insegurança à sociedade.[143]

Constata-se que o objetivo descrito no texto constitucional (*artigo 5º, XLVI*) e na Lei de Execuções Penais (*artigo 1º*) não tem sido efetivado. Ao contrário, a violação reiterada dos direitos e garantias dos presos (*v.g.* insalubridade, falta de assistência médica, ausência de oferta de trabalho) é um indicador da inaptidão da pena privativa de

---

indivíduos vulneráveis, que integram os grupos marginalizados - por suas características étnicas (ex. negros), sociais (ex. pobres), etárias (ex. jovens) ou de gênero (ex. transexuais) ou origem (ex. favelados) - e para os comportamentos que lhe são característicos (ex. *hip hop, funk*), enquadráveis no estereótipo do criminoso, simplesmente por contestarem ou romperem limites ou valores estabelecidos pelo grupo dominante. Estes grupos marginalizados, estigmatizados e rotulados pelo *establishment* são os *outsiders*, denominação cunhada por Howard Becker em 1963. (BECKER, Howard. Outsiders. *In*: McLAUGHLIN, Eugene; MUNCIE, John; HUGHES, Gordon (Ed.) **Criminological Perspectives. Essential Readings**, 2nd ed., 2009, London: SAGE, p. 239-248) (tradução livre)
[143] BRASIL. Câmara dos Deputados. Centro de Documentação e Informação. **CPI Sistema Carcerário**. Brasília, 2009. p. 247. Disponível em http://bd.camara.gov.br/bd/bitstream/handle/bdcamara/2701/cpi_sistema_carcerario.pdf. Acesso em 1 jul. 2021

liberdade, como instrumento formal de reintegração do condenado à sociedade.

> - Infelizmente, os presídios no Brasil ainda são medievais. E as condições dentro dos presídios brasileiros ainda precisam ser muito melhoradas. Entre passar anos num presídio do Brasil e perder a vida, talvez eu preferisse perder a vida, porque não há nada mais degradante para um ser humano do que ser violado em seus direitos humanos — disse [Ministro da Justiça, José Eduardo] Cardozo, que se referiu à vida nas cadeias como "desrespeitosa", "degradante" e "não dignificante".[144]

No entanto, para uma parte da sociedade, a pena deveria ser uma expiação de culpa, a punição pelo mais intenso sofrimento físico e moral, o que faria garantir a efetividade do Direito Penal. Ao mesmo tempo, este grupo não questiona a efetividade da reabilitação, antes do preso retornar à vida em sociedade. O encarceramento talvez seja o mais impactante dos fatores criminógenos, haja vista a alta taxa de reincidência no Brasil.

Os problemas carcerários poderiam ser divididos basicamente em dois grupos. No primeiro, falta de vontade política, aliada a ineficiência administrativa, por incompetência ou ilegalidades, mantêm estabelecimentos penitenciários sem a infraestrutura mínima para uma adequada execução da pena de prisão; ausência de pessoal administrativo, de segurança e de disciplina, especializado e vocacionado para a função; e falta de condições materiais e humanas

---

[144] RIBEIRO, Marcelle. Ministro diz que prefere morrer a passar anos em cadeias brasileiras. **O Globo**. Rio de Janeiro, 13 nov. 2012. Disponível em < http://oglobo.globo.com/pais/ministro-diz-que-prefere-morrer-passar-anos-em-cadeias-brasileiras-6718740> Acesso em 1 jul. 2021

para o incremento da progressividade da pena, com o consequente descumprimento da Lei de Execução Penal.[145]

> (a) os presos são misturados, independentemente da gravidade de seus crimes; (b) as penitenciárias são muito grandes, dificultando a gestão, a vigilância e a separação necessária; (c) a superlotação ultrapassa todos os limites; (d) não há o acompanhamento da situação legal dos apenados, proporcionando-lhes a progressão prevista na sentença - a realidade de São Paulo, nesse sentido, é assustadora: dos presos daquele estado, 38 mil estão cumprindo pena além do tempo da sentença; (e) as condições de higiene são degradantes e insalubres; (f) trabalho e educação são raramente oferecidos; (g) a progressão de regime frequentemente é uma fraude, porque não há controle rigoroso do preso, no semiaberto e no aberto, o que enseja fugas e/ou práticas de crimes, perpetuando o retorno do egresso ao sistema; (h) o egresso não é apoiado para reinserir-se na comunidade; (i) os agentes penitenciários raramente contam com escolas de formação e uma carreira - o que reduziria a corrupção e aperfeiçoaria o trabalho.[146]

Os demais inconvenientes são decorrentes das próprias características da pena privativa de liberdade, principalmente no regime fechado: dessocialização (isolamento do preso da família e sociedade); prisionalização, causada pela convivência forçada no meio delinquente;

---

[145] Embora previsse o cumprimento das penas privativas de liberdade em estabelecimento penitenciário, o próprio Código Penal de 1940, em seu artigo 29, mitigou a rigidez da regra, ao excepcioná-la ("... ou em *seção especial da prisão comum*."), provavelmente por já prever as dificuldades de sua implementação.
[146] SOARES, Luiz Eduardo; GUINDANI, Miriam. Muita lenha na fogueira. **O Globo**. 21 mai. 2006, p. 12. Disponível em http://www2.senado.leg.br/bdsf/handle/id/400283. Acesso em 1 jul. 2021

sistema de poder (controlando todos os atos do indivíduo); relações contraditórias, ambivalentes e promíscuas entre o pessoal penitenciário e os presos.[147]

Constata-se, assim, que a superpopulação carcerária pode ser, ao mesmo tempo, causa e consequência: decorre não só da violência crescente, mas também da incriminação excessiva; da excessiva utilização da prisão provisória, no lugar das medidas alternativas (*Código de Processo Penal, artigo 319*); da ausência ou insuficiência de estabelecimentos penais para os regimes fechado (presídios e penitenciárias) e semiaberto (colônias agrícolas, industriais ou similares); do excesso de execução, em razão da falta de vagas no regime semiaberto, quando condenados ou promovidos ao cumprimento de pena no regime intermediário; e do desrespeito à progressividade na execução penal.

O que se percebe é o descompasso entre a realidade da punição como mecanismo de controle penal e a fundamentação das decisões que a aplicam. A pena de prisão não pode ser encarada como apenas como mecanismo de defesa da sociedade contra os transgressores da lei, o que, nas circunstâncias atuais, conduz à ideia de que não seja nada mais que um depósito de indesejáveis, como há séculos.

> A realidade da punição na estrutura jurídica brasileira constitui-se por assumir, sem pudores, a posição de que determinadas pessoas simplesmente não servem, são descartáveis, não merecem qualquer dignidade, são desprezíveis e por isso serão oficialmente abandonadas. [...] O estado atual dos cárceres diz da forma como a sociedade brasileira resolveu historicamente suas questões sociais,

---

[147] SÁ, Alvino Augusto de. Prisionização: um dilema para o cárcere e um desafio para a comunidade. **Revista Brasileira de Ciências Criminais**, n.21. São Paulo: RT, 1998, p. 118-119

étnicas, culturais, ou seja, pela via da exclusão, da neutralização, da anulação da alteridade. Diz da violência hiperbólica das instituições, criadas no projeto Moderno para trazer felicidade às pessoas (discurso oficial), mas que reproduzem – artificialmente, embora com inserção no real – a barbárie que a civilização tentou anular. Diz da falácia dos discursos políticos, dos operadores do direito e da ciência (criminológica), sempre perplexos com a realidade e ao mesmo tempo receosos, temerosos, contidos, parcimoniosos frente às soluções radicais (anticarcerárias), pois protegidos pela repetição da máxima da prisão como 'a terrível solução da qual não se pode abrir mão'.[148]

[148] CARVALHO, Salo de. Substitutivos penais na era do grande encarceramento. *In*: GAUER, Ruth Maria Chittó. **Criminologia e Sistemas Jurídico-Penais II**, Porto Alegre:EDIPUCRS, 2010, p.162-163

CAPÍTULO 4

QUANDO A PRISÃO CHEGOU AO BRASIL

"A situação dos presídios é calamitosa desde tempos imemoriais."[149]

"Se fosse para cumprir muitos anos em uma prisão nossa, eu preferiria morrer. [...] Temos um sistema medieval."[150]

No exame da evolução histórica da prisão, optou-se por restringir seu objeto à cidade do Rio de Janeiro, segunda capital da Colônia e, em seguida, sede do Reino de Portugal, Brasil e Algarves. Até hoje, onde são encontradas instituições que foram cenários de acontecimentos marcantes na vida e história da formação do Estado brasileiro, a exemplo, da Ilha das Cobras, onde existe a cela onde

---

[149] *"A situação nos presídios é calamitosa desde tempos imemoriais. E não se resolve isso só construindo cadeias. Temos que melhorar o nível das polícias, do Judiciário e dos guardas penitenciários."* – disse o ministro [Marcio Thomaz Bastos], depois de participar da abertura da reunião do Conselho Nacional de Política Criminal. (*CARVALHO, Jailton. Ministro admite: "A situação é calamitosa".* **O Globo,** 9 set. 2003, Matutina, Rio, p. 12. Disponível em https://acervo.oglobo.globo.com/consulta-ao-acervo/?navegacaoPorData=200020030909. Acesso em 12 jul. 2020)

[150] BULLA, Beatriz. Ministro da Justiça preferiria morrer a cumprir pena em presídio brasileiro. "Temos um sistema medieval", afirma [José Eduardo] Cardozo a empresários; no entanto, petista diz rejeitar pena de morte ou prisão perpétua no País. **Estadão,** São Paulo, 14 nov.2012. Disponível em https://sao-paulo.estadao.com.br/noticias/geral,ministro-da-justica-preferiria-morrer-a-cumprir-pena-em-presidio-brasileiro-imp-,959990. Acesso em 12 jul. 2020

Joaquim José da Silva Xavier, principal figura da Inconfidência Mineira, foi encarcerado no século XVIII.

4.1 Séculos XV a XVIII

Pela posição estratégica de trânsito na costa Atlântica, entre as colônias espanholas do Rio da Prata e os portos de tráfico negreiro da África, o Rio de Janeiro era um importante ponto de articulação para o comércio intercontinental, além de vigilância e defesa no território da colônia.

Suas origens remontam a 1565, quando Estácio de Sá, amparado por alvarás, cartas e provisões, estabeleceu a futura cidade em uma área estratégica na entrada da Baía de Guanabara e no território da Capitania de São Vicente. Por conta da doação fragmentada de sesmarias, parte considerável do território da cidade foi abarcado pela Companhia de Jesus e incorporado ao patrimônio do Senado da Câmara.

Com intensa atividade marítima e comercial, a população se fixou mais próxima ao mar, enquanto as fortalezas, igreja, conventos e mosteiros ficaram nos morros - Fortaleza ou Castelo de São Sebastião, a Sé Catedral, o Convento de Santo Antônio e o Mosteiro de São Bento - em posição de vigília dos inimigos d'El Rey e da fé.

Em 1763, com a importância adquirida ao longo do século XVIII, como ponto central da região centro-sul, sobretudo por força dos conflitos territoriais com a América espanhola e do tráfico de minérios, a capital da Colônia foi transferida de Salvador para o Rio de Janeiro.

O crescimento da população do Rio de Janeiro, aliado à desorganização administrativa e financeira, com a falta de recursos do Senado da Câmara, e a demora no julgamento dos presos, tornava a Cadeia da Relação um local superlotado e com condições insalubres, dificultando a aplicação da justiça e a manutenção da ordem, já que conviviam os cidadãos desordeiros, desocupados, bêbados e prostitutas.

Desde a década de 1750, Portugal desejava instalar um estabelecimento onde pudesse deter os criminosos, em especial os escravos, a fim de garantir a segurança pública, já que as prisões eram essenciais para o controle social. No entanto, pouco mudara desde o início da colonização portuguesa, com as cadeias apresentando superlotação, doenças, mortalidade e altos índices de fuga. Os presos eram mantidos por suas famílias e amigos ou por seus senhores. Caso não os tivesse, podia pedir esmolas aos transeuntes, já que as grades eram voltadas para a rua.

As prisões da época eram estabelecidas em instalações militares da baía de Guanabara (Cobras, Santiago e Santa Bárbara), para presos militares. Para os civis, havia a Cadeia Pública e a Cadeia do Tribunal da Relação, localizadas no Senado da Câmara, para os sentenciados da justiça, livres, escravos ou libertos; e o Calabouço, para escravos fugitivos, onde permaneceu até 1813.

4.2 Século XIX

Com a transferência da Corte, a cidade do Rio de Janeiro teria passado de um "tranquilo posto avançado colonial" para o centro do Império português, apesar da crise de seu domínio sobre o território brasileiro. As elites locais dominavam o comércio, o número de escravos era suficientemente alto para gerar um sentimento de iminente desordem, sem contar com o contrabando.

Para minimizar as dificuldades, era preciso explorar a mão de obra escrava, dando origem ao cativeiro público, que convivia com o privado, sem que os senhores fossem remunerados por isto.

Em 1808, com a extinção da Cadeia Pública - Cadeia Velha - por força da expropriação necessária ao alojamento da família real portuguesa, seus presos foram removidos para o Aljube, no Morro da Conceição, que pertencia à Igreja e foi utilizado pela Intendência Geral de Polícia da Corte.[151] Durante mais de 40 anos, a prisão de apenas nove celas, em três andares, escura, úmida e apertada, com ar insalubre e contaminado, serviu como "depósito" não só de criminosos, mas de escravos de toda condição, militares, homens e mulheres.[152]

Ali, no calabouço dos escravos e Arsenal da Marinha, funcionavam verdadeiros depósitos superlotados e degradantes de seres humanos, distante de qualquer perspectiva de reabilitação. Em um ambiente insalubre de construções mal adaptadas, faltavam carcereiros, vestimentas e alimentação e se misturavam, no ócio e na barbárie, escravos, libertos, livres, homens, mulheres e doentes mentais, em contato com pessoas que circulavam pelas calçadas.

A este contingente, eram aplicadas as mesmas penas de sempre: açoites, degredo, trabalhos forçados com correntes, baraço e pregão, morte ou apenas detenção, especialmente sobre escravos.

A Ilha de Santa Bárbara abrigava presos de alta periculosidade e a Ilha das Cobras, presos militares, civis e escravos fugitivos. A Fortaleza de São Sebastião (Calabouço)[153], no Morro do Castelo, destinava-se aos escravos indisciplinados - "suspeitos de fugidos", a mando de seus senhores, praticantes de capoeira ou infratores das posturas municipais - e africanos desembarcados no Brasil, por conta do

---

[151] Aljube foi chamado de "sentina de todos os vícios", onde se encontravam aglomerados 390 prisioneiros, onde a capacidade se restringia a 20. (FAZENDA, 2011, p. 439) http://mapa.an.gov.br/index.php/menu-de-categorias-2/268-casa-de-correcao

[152] ARAUJO, Carlos Eduardo Moreira de. O duplo cativeiro: Escravidão urbana e sistema prisional no Rio de Janeiro, 1790-1821.In: MAIA, Clarissa Nunes; SÁ NETO, Flavio de; COSTA, Marcos e BRETAS, Marcos Luiz. **História das Prisões no Brasil**, vol. I, Rio de Janeiro:Rocco, 2009, p. 217-252

[153] Masmorra úmida e escura.

tráfico clandestino. Ali, sofriam açoites e era o único estabelecimento onde as diferentes categorias de presos não se misturavam.[154]

Em que pese o ideal dos reformadores, as prisões brasileiras no século XX têm sido câmaras de morte. Quase um quarto dos detentos que ingressavam na Casa de Correção, morriam. À medida em que recebessem penas menores, a taxa subia; se excedessem 10 anos, a taxa ia a 50%. [155]

A Constituição do Império estabelecia a individualização (*artigo 179, XX*) e a dignidade das penas (*artigo 179, XVIII e XIX*) e da execução penal (*artigo 179, XXI*), entre suas garantias, com a construção de prisões "seguras, limpas e bem arejadas", sem especificar como isto iria ocorrer. Sua aplicação contribuía para a superlotação das poucas prisões precárias do Império, nas quais a separação dificilmente era seguida à risca, devido a grande quantidade de presos e os limitados espaços para encarceramento.[156]

O Código Criminal de 1830 determinava a maioria das penas de prisão com trabalho, sem que houvesse instituições preparadas para o cumprimento destas sentenças. Além da manutenção da pena de morte, previa também a pena de galés, além de banimento, degredo, multa e prisão simples. As penas de açoites eram destinadas somente aos escravos.

Pela disposição do Código de Processo Criminal de 1832, os acusados deveriam ser presos e julgados em seu domicílio ou no lugar

---

[154] HOLLOWAY, Thomas. O Calabouço e o Aljube do Rio de Janeiro no século XIX. In MAIA, Clarissa Nunes *et al.*(Org.).*Op.cit.*, pp. 253-281

[155] BRETAS, Marcos Luiz. O que os olhos não vêem: histórias das prisões no Rio de Janeiro. In: MAIA, Clarissa Nunes *et al.*(Org.). *Op.cit.*, pp. 185-213

[156] BRASIL.**Relatório da Repartição dos Negócios da Justiça de 1832, apresentado a Assembléia Geral Legislativa em maio de 1833 pelo Ministro Honório Hermeto Carneiro Leão.** Disponível em http://bndigital.bn.br/acervo-digital/brasil-ministerio-imperio/720968. Acesso em 1 jul. 2021

em que praticaram o delito, sem que houvesse prisões em todas as vilas e comarcas do Império. Assim, o julgamento dos réus em outras comarcas fazia com que fossem transferidos para onde houvesse estrutura para recebê-los. Com isso, convocado pelo juiz, o réu teria que ser transportado até onde havia sido instaurado o processo. Além das despesas, a medida ocasionava fugas, causadas pela insegurança dos cárceres e grande contingente de presos, gerando a sensação de impunidade.[157]

Na primeira metade do século XIX, as prisões continuavam a funcionar basicamente em instalações militares desativadas - quartéis (Campo da Honra e Badornos), fortalezas (Lage, São João, Santa Cruz, Villegaignon, Santo Antônio e Conceição), navios (Príncipe Real e Pedro I) – ou ilhas (Cobras, Santa Bárbara e Fernando de Noronha).[158]

---

[157] Artigo 97. Toda a vez que o réo, levado á presença do Juiz, requerer que as testemunhas inquiridas em sua ausencia sejam reperguntadas em sua presença, assim lhe será deferido, sendo possível.
Artigo 229. Se os delinqüentes estiverem presos fora da cabeça do Termo, em que devem ser julgados, serão com a precisa antecedência para alli remetidos, quando se houver de reunir o Conselho de Jurados.
Artigo 230. Os processos serão sempre remetidos ao Juiz de Paz da cabeça do Termo, e havendo mais de um, áquelle d'elles que ahi fôr o do Districto onde se reunir o Conselho dos Jurados. (BRASIL. **Lei de 29 de novembro de 1832**. Código do Processo Criminal de Primeira Instância. Disponível em http://www.planalto.gov.br/ccivil_03/leis/lim/lim-29-11-1832.htm. Acesso em 12 jul. 2020
[158] *"Os navios utilizados para tais fins consistiam em antigas embarcações da Marinha do Brasil, transformadas em navios-presídios (também chamados de 'presigangas') e que chegaram a abrigar, indiscriminadamente, condenados a trabalhos obrigatórios e a galés, desertores, cativos, degredados que chegavam ao Brasil e que aguardavam o traslado para o local do degredo, prisioneiros de guerra, presos políticos, militares faltosos ou considerados incorrigíveis etc. Nestas embarcações, predominava a inflição de severos castigos corporais, como o acorrentamento, a chibata, a solitária e a condução para trabalho em pedreiras. Os indivíduos ali aprisionados também estavam sujeitos a uma série de enfermidades, como malária, disenteria e escorbuto."* (ROIG, Rodrigo Duque Estrada. **Direito e Prática Histórica da Execução Penal no Brasil**, Rio de Janeiro:Revan, 2005, p. 29)

Ser prisioneiro, naqueles dias, implicava em viver nas condições mais miseráveis possíveis, pois já se enfrentava a superlotação das cadeias, embora as autoridades policiais tentassem estabelecer a separação entre os detentos entre livres e escravos, e pelo sexo e tipo de crime praticado. Além de condenados a diferentes penas, essas prisões abrigavam indiciados, presos provisórios e recrutas. A eles, juntavam-se vadios, mendigos, bêbados, prostitutas e aqueles que seriam encaminhados aos juízes de paz.

O sistema proposto pelo Código Criminal só se concretizou a partir de 1850, com a conclusão da Casa de Correção, cuja construção durou 16 anos, sob a perspectiva da Sociedade Defensora da Liberdade e Independência Nacional[159]. Em sua construção, empregou presos condenados a trabalhos forçados; escravos de aluguel, fugidos, a serem disciplinados e livres; vadios, mendigos e alguns dos africanos livres, apreendidos após a proibição do tráfico, além de trabalhadores livres, africanos livres e militares.

Inspirada na prisão de Genebra (Suíça) e construída em forma de panóptico160, deveria ter uma torre central; quatro raios de dois pavimentos, para 200 presos; e oficinas onde seriam desenvolvidos os trabalhos para os quais os criminosos haviam sido sentenciados, com o propósito convertê-los em cidadãos probos e laboriosos, seguindo as determinações do Código Criminal de 1830.[161] Em sua inauguração,

---

[159] **Relatório da Repartição dos Negócios da Justiça de 1833, p.18**
[160] Inspirado nos desenhos publicados pela Comissão da Sociedade Inglesa de Melhoramento das Prisões Correcionais. MORAES, Evaristo de. **Prisões e Instituições Penitenciárias no Brazil**. Rio de Janeiro: Livraria Editora Conselheiro Candido de Oliveira, 1923. Disponível em http://cesimadigital.pucsp.br/handle/bcd/5232?locale-attribute=en. Acesso em 1 jul. 2021
[161] BRASIL. **Relatório da Repartição dos Negócios da Justiça de 1833, apresentado a Assembléia Geral Legislativa em maio de 1834 pelo Ministro Aureliano de Souza e Oliveira Coutinho**. Rio de Janeiro: Tipografia Nacional, 1834. p. 19 e 20. Disponível em

contava com 100 celas e 60 condenados trabalhavam nas oficinas de carpintaria, marcenaria, sapataria e alfaiataria.

Superando-se uma disputa entre os sistemas penitenciários de Auburn e da Filadélfia, na qual prevaleceu o primeiro, foi elaborado seu primeiro regulamento, dando início a um processo de modernização das condições carcerárias, pelo estabelecimento de regras acerca da classificação dos presos de acordo com a infração praticada, da disciplina estabelecida e das penas aos transgressores. Tratava igualmente de aspectos práticos do cotidiano, como vestuário, alimentação, trabalho nas oficinas, com a preferência das que apresentassem a melhor rentabilidade para seus produtos, e prática religiosa. (*Decreto 678 de 6 de julho de 1850*)[162]

Na década de 1860, com apenas parte da construção concluída, a Casa de Correção foi criada em 6 de julho de 1850 pelo Decreto nº 678, que também aprovou o seu primeiro regulamento, com o objetivo de ser uma prisão modelo do Império. Abrigava em seu corpo cinco estabelecimentos penais de perfis diferentes: prisão com trabalhos ou Casa de Correção, Casa de Detenção, Calabouço, depósito de africanos livres e o Instituto dos Menores Artesãos, jovens presos por vadiagem, mendicância ou "má índole", abandonados ou entregues por seus responsáveis à instituição.[163]

---

http://www.funag.gov.br/chdd/images/Relatorios/Relatorio_1833.pdf. Acesso em 1 jul. 2021

[162] BRASIL. **Decreto nº 678 de 6 de julho de 1850**. Dá Regulamento para a Casa de Correção do Rio de Janeiro. Disponível em http://www2.camara.leg.br/legin/fed/decret/1824-1899/decreto-678-6-julho-1850-560002-publicacaooriginal-82510-pe.html. Acesso em 1 jul. 2021

[163] BRASIL. **Decreto nº 2.745 de 13 de fevereiro de 1861**. Crêa o Instituto dos Menores Artesãos da Casa de Correção, e dá-lhe Regulamento. Disponível em https://www2.camara.leg.br/legin/fed/decret/1824-1899/decreto-2745-13-fevereiro-1861-556073-publicacaooriginal-75727-pe.html. Acesso em 1 jul. 2021

Em 1882, um novo regulamento optou pelo sistema auburniano: trabalho coletivo e silencioso durante o dia e recolhimento celular noturno (artigo 2º).[164] Em 1900, foi mais uma vez reformulado[165] até 1910, quando foi adotado seu terceiro e último regulamento.[166]

Como a agenda política da República então emergente se apresentava com a pretensão de ser mais moderna que o regime imperial, o Código Penal de 1890 (artigos 45 e 47 a 50), acatando as sugestões formuladas pelo Relatório da Comissão Inspetora da Casa de Correção de 1874[167], implantou a progressividade e classificação, com estabelecimento especial para menores.

Adotou-se um regime progressivo próprio, flexível e realista, que consistia em uma mistura dos sistemas de Filadélfia com auburniano, modificado pelo irlandês de Walter Crofton, cujo núcleo era a prisão celular.[168] Não havia trabalho em colônias, prisões intermediárias ou liberdade provisória e o encarceramento rigoroso

---

[164] BRASIL. **Decreto nº 8.386 de 14 de janeiro de 1882**. Dá novo Regulamento para a Casa de Correção da Côrte. Disponível em https://www2.camara.leg.br/legin/fed/decret/1824-1899/decreto-8386-14-janeiro-1882-544928-norma-pe.html. Acesso em 1 jul. 2021

[165] BRASIL. **Decreto nº 3.647 de 23 de abril de 1900**. Dá novo regulamento á Casa de Correção da Capital Federal. Disponível em https://www2.camara.leg.br/legin/fed/decret/1900-1909/decreto-3647-23-abril-1900-517511-publicacaooriginal-1-pe.html. Acesso em 29 jun. 2021

[166] BRASIL. **Decreto nº 8.296 de 13 de outubro de 1910**. Approva o novo regulamento para Casa de Correção da Capital Federal. Disponível em http://www2.camara.leg.br/legin/fed/decret/1910-1919/decreto-8296-13-outubro-1910-509424-publicacaooriginal-1-pe.html. Acesso em 29 jun. 2021

[167] BRASIL. Assembléa Geral Legislativa. **Relatório da Comissão Inspectora da Casa de Correção da Corte**. Dr. Manoel Antonio Duarte de Azevedo. 15 fev. 1874. Rio de Janeiro:Typographia Americana, 1874. Revista Brasileira de Ciências Criminais, n.35, ano 9, jul./set. 2001, São Paulo: RT, p. 263-295

[168] LYRA, Roberto. *Op. cit...*, p. 111

evoluía até atingir a mera detenção, quando o preso se mostrava digno de retornar à sociedade.[169]

> **Art. 45.** A pena de prisão cellular será cumprida em estabelecimento especial com isolamento cellular e trabalho obrigatorio, observadas as seguintes regras:
>
> a) si não exceder de um anno, com isolamento cellular pela quinta parte de sua duração;
>
> b) si exceder desse prazo, por um periodo igual a 4ª parte da duração da pena e que não poderá exceder de dous annos; e nos periodos sucessivos, com trabalho em commum, segregação nocturna e silencio durante o dia.
>
> ....
> ....
>
> **Art. 47.** A pena de reclusão será cumprida em fortalezas, praças de guerra, ou estabelecimentos militares.
>
> **Art. 48.** A pena de prisão com trabalho será cumprida em penitenciarias agricolas, para esse fim destinadas, ou em presidios militares.
>
> **Art. 49.** A pena de prisão disciplinar será cumprida em estabelecimentos industriaes especiaes, onde serão recolhidos os menores até á idade de 21 annos.
>
> **Art. 50.** O condemnado a prisão cellular por tempo excedente de seis annos e que houver cumprido metade da pena, mostrando bom comportamento, poderá ser transferido para alguma penitenciaria agricola, afim de ahi cumprir o restante da pena.

---

[169] MOTTA, Manoel Barros da. **Crítica da Razão Punitiva: Nascimento da Prisão no Brasil**, Rio de Janeiro:Forense Universitária, 2011, p.124-125

§ 1º Si não perseverar no bom comportamento, a concessão será revogada e voltará a cumprir a pena no estabelecimento de onde sahiu.

§ 2º Si perseverar no bom comportamento, de modo a fazer presumir emenda, poderá obter livramento condicional, comtanto que o restante da pena a cumprir não exceda de dous annos.

Apesar da ideia de um regime penitenciário correcional, com objetivos de ressocialização e reeducação dos presos[170], estas determinações permaneceram na apenas na lei. Não havia estabelecimentos para executar o isolamento celular, na primeira etapa, nem as penitenciárias agrícolas, necessárias à terceira fase. Ao contrário, havia somente prisões deterioradas e superlotadas, com presos de perfis distintos misturados.

Antecipando-se aos entraves à superação destas dificuldades, o próprio Código Republicano já previa a mitigação da regra, atendendo às condições disponíveis.

Art. 409. *Enquanto não entrar em inteira execução o systema penitenciario*, a pena de prisão cellular será cumprida como a de prisão com trabalho nos estabelecimentos penitenciarios existentes, segundo o regimen actual; e nos logares em que os não

---

[170] *"No seculo actual, as theorias sobre o direito de punir teem-se succedido umas ás outras com duração mais ou menos curta; mas há uma tendencia geral para modificar as leis penaes no sentido das doutrinas beccanarias e de um sentimentalismo humanitario, expungindo-se o supplicio extremo e as penas perpetuas. Outra tendencia tambem há dominado: a de dar á penalidade uma feição moralmente reformadora dos criminosos, facto que a generalisação do systema penitenciario na America e na Europa comprova exhuberantemente."* (*grifos nossos*) (CASTELLO BRANCO, Antonio D'Azevedo. **Estudos Penitenciarios e Criminaes**, Lisboa:Casa Portugueza, 1888, p. 109. Disponível em https://www.fd.unl.pt/Anexos/Investigacao/2224.pdf. Acesso em 5 jul. 2020

houver, será convertida em prisão simples, com augmento da sexta parte do tempo.

§ 1º A pena de prisão simples em que for convertida a de prisão cellular poderá ser cumprida fóra do logar do crime, ou do domicilio do condemnado, si nelle não existirem casas de prisão commodas e seguras, devendo o juiz designar na sentença o logar onde a pena terá de ser cumprida.

§ 2º O cumprimento dessa pena, embora penda recurso voluntario, começará a contar-se do dia em que for proferida a sentença de condemnação. (*grifos nossos*)

Durante a segunda metade da República Velha (1915 - 1930), as mudanças no sistema penitenciário brasileiro foram se afirmando: o regime penal da prisão celular, o trabalho dos presos, a modulação da pena, a transição para a liberdade condicional na prisão agrícola e, principalmente, a reforma dos condenados pela ação da educação e religião.

Não à toa, algumas das prisões do Distrito Federal (Rio de Janeiro), recebe o nome de reformadores das primeiras décadas do século: Esmeraldino Bandeira, Evaristo de Moraes, Heitor Carrinho e Lemos Brito.[171]

---

[171] RIO DE JANEIRO. Tribunal de Justiça do Estado do Rio de Janeiro. **Unidades Prisionais**. Disponível em http://gmf.tjrj.jus.br/unidades-prisionais. Acesso em 13 jul. 2021

CAPÍTULO 5

PRIMEIRA GERAÇÃO (SÉCULO XVI A XVIII)

> *Que falta nesta cidade? ... Verdade*
> *Que mais por sua desonra ... Honra*
> *Falta mais que se lhe ponha ... Vergonha*
> *[...]*
> *E que justiça a resguarda? ... Bastarda*
> *É grátis distribuída? ... Vendida*
> *Que tem, que a todos assusta? ... Injusta*[172]

A partir do Concílio de Trento[173] (1540-1560), convocado para discutir a unidade da fé e sua preservação, bem como manter controle sobre o comportamento de indivíduos comuns e religiosos, dividiu a Europa, entre católicos (contrarreformistas) e protestantes (reformistas), deixando os Estados ibéricos como expoentes máximos da

---

[172] MATOS, Gregório de. **Epílogos**. [s.d.] [s.l.]. Disponível em http://www.jornaldepoesia.jor.br/gregoi01.html. Acesso em 2 jul. 2021

[173] *"Sua importância para a Igreja, todavia, não pode ser superestimada. Ofereceu condições para a Igreja recobrar as forças da ortodoxia que estavam dispersas e desorganizadas e conferiu uma base sólida de dogma e disciplina, a partir da qual novos avanços poderiam ser realizados. Acima de tudo, trouxe todo o peso da autoridade para reprimir abusos facilmente notados que causaram a ruptura do governo eclesiástico – a ausência dos bispos e pastores dos locais em que deveriam exercer suas funções, o pluralismo ou a acumulação de benefícios, a negligência para com a oração, o descuido com a educação clerical e muitos outros."* (DAWSON, Christopher. **A Divisão da Cristandade. Da Reforma Protestante à Era do Iluminismo.** São Paulo:É Editora, 2014, p. 191)

Contrarreforma. De outro lado, ficou a oposição da Holanda, Inglaterra e Alemanha, onde Lutero, Calvino e Henrique VIII promoviam uma verdadeira Reforma e a revolução científica de Galileu e Copérnico acontecia.

Em consequência, as ideias renascentistas e as inovações científicas e filosóficas eram afastadas de uma sociedade submissa ao poder da Igreja de Roma e fechada em dogmas religiosos, que pregavam a renúncia, o servilismo e a disciplina. Este contexto foi propício para o trabalho da Companhia de Jesus e a atuação da Inquisição, que determinavam os rumos e o comportamento da sociedade.

Pelo sistema judicial vigente entre nossos colonizadores, nos casos criminais, os juízes aplicavam predominantemente pena de mutilação e morte por enforcamento; em menor escala, multa, confisco, degredo, ainda que com pequenas variações, de acordo com o delito cometido e a classe social à qual o infrator pertencia.[174]

> Os crimes eram punidos de acordo com a "qualidade" do infrator, fosse ele um "peão" ou um "fidalgo". Conforme as Ordenações Manuelinas, "peões" (ou "homens a pé", que não podiam servir ao rei a cavalo, como os "cavaleiros") eram pessoas de "baixa condição". A "pena vil" (pena de morte) e os açoites (em geral executados em público, nos pelourinhos) estavam reservados quase que exclusivamente a eles.
>
> Acima dos peões, escalonavam-se as pessoas de "maior condição": escudeiros, cavaleiros, vereadores, magistrados, escrivães – vários deles "fidalgos" ("filhos de algo"), tidos como "gente

---

[174] SPIERENBURG, Peter. The body and the State. Early Modern Europe. *In*: MORRIS, Norval and ROTHMAN, David J. (Org.) *Op.cit* p. 48-49

limpa e honrada" e, portanto, livres de açoites e da condenação à morte (a não ser em casos excepcionais).[175]

As penas corporais, a rigor, não podem ser consideradas penas, pois não atendem sequer à retribuição do crime, já que sua medida, no mais das vezes, era determinada pela condição pessoal do condenado e não pela sua gravidade e forma.

5.1 Penas corporais

Neste contexto, o corpo constituía a referência máxima da punição: pena capital, executada sob variadas formas; mutilação e açoites. A relação entre o castigo e o corpo era a expressão do Direito Penal da época, relacionado a um sistema de produção no qual o trabalho humano, apesar de útil, não tinha o mesmo valor de mercado que teria nas sociedades industriais.

A morte natural podia ocorrer por meio de veneno, golpe, estrangulamento, degolação, com ou sem a exposição da cabeça do condenado, asfixia e, no mais dos casos, enforcamento, destinado às classes inferiores, denotando seu desprestígio.[176][177]

---

[175] BUENO, Eduardo. **A coroa, a cruz e a espada. Lei, ordem e corrupção no Brasil Colônia. 1548-1558**. Volume IV, Coleção Terra Brasilis, Rio de Janeiro : Objetiva, 2006, p. 59

[176] Para efeitos de ilustração, J.A. SOULATGES relata que, na Ordenação de 1670, na França, a morte natural abarcava a forca; a decepação da mão ou da língua, seguida de enforcamento. Em crimes mais graves, ser arrebentado vivo, expirar na roda e depois deter os membros arrrebentados; ser arrebentado até a morte natural [*sic*]; ser estrangulado e, depois, arrebentado; ser queimado vivo; ser estrangulado e, depois, queimado; ter a língua cortada ou furada e, depois, ser queimado vivo; ser puxado por cavalos; ter a cabeça cortada; e ter a cabeça quebrada. Como penas alternativas, havia a satisfação à pessoa ofendida; admoestação; repreensão; prisão temporária; abstenção de um lugar e as penas pecuniárias. (SOULATGES, J.A. *Traité des Crimes*, 1762, 1, p. 169-171 *apud* FOUCAULT, Michel. *Op. cit.*, p. 34)

Após o enforcamento, na morte na forca para sempre, o corpo ficava pendurado, até a putrefação e a queda de seus ossos ao chão, sendo estes recolhidos anualmente pela Santa Casa da Misericórdia, em cerimônia própria.[178] Era a sanção prevista no crime do escravo ou filho, que arrancasse arma contra seu senhor ou pai (*Título XLI*).

Na morte natural de fogo, o corpo do condenado era consumido, até transformar-se em pó, para que não fossem lembrados seu corpo (sepultura) ou memória: "morra morte natural de fogo" (*Título XII*).

Era a sanção dos crimes dos que fizessem moeda falsa, ou a despendessem, e dos que cerceassem a verdadeira, ou a desfizessem; dos que cometessem pecado de sodomia, e com alimárias[179]; e dos que dormissem com suas parentas e afins (Ex. *Título XIII - Dos que cometem pecado de sodomia, e com alimarias*).

A morte natural cruelmente tinha por propósito tirar a vida, em meio a suplícios, para torná-la mais dolorosa – atenazamento, queima na fogueira ou esquartejamento do condenado vivo, açoite até a morte, sepultamento do condenado vivo - ficando a critério do juiz ou do executor o método pelo qual isto ocorreria; em alguns casos, a

---

[177] *"[...] o incremento incontrolado do número das execuções capitais e de suas técnicas de execucução – o afogamento, a asfixia na lama, a lapidação, a roda, o desmembramento, a incineração de pessoa viva, a caldeira, a grelha, o empalamento, o enclausuramento, a morte por fome, ferro quente e outras – nos ordenamentos da Alta Idade Média [476 a 1.000], as fogueiras erguidas para os hereges e as bruxas pela intolerância e pela superstição religiosa; as torturas, as forcas e os suplícios que martirizaram a Europa, principalmente na Idade Moderna [1453-1789] até o fim do século XVIII."* (FERRAJOLI, Luigi. **Direito e Razão. Teoria do Garantismo Penal**, 3ª ed. rev., 2010, p.355)

[178] *"A Santa Casa da Misericórdia realizava em Lisboa, em 1º de novembro de cada ano, a procissão dos ossos, que se dirigia ao campo de Santa Bárbara para recolher os ossos dos enforcados e inumá-los in sagrado. A mesma cerimônia realizava-se também na Bahia."* (MOTTA, Manoel Barros da. *Op.cit.*, p. 14)

[179] Animal irracional. (FERREIRA, Aurélio Buarque de Holanda. **Novo Dicionário Aurélio século XXI: o dicionário da língua portuguesa**. Rio de Janeiro:Nova Fronteira, 1999.)

modalidade era prevista no próprio texto legal (Ex. *Título VI – Do crime de Lesa Majestade*).

O açoitamento podia ser indeterminado e arbitrário; ou fixo. Seu emprego aparece em diversas condenações, mas sempre reservado às pessoas comuns, àqueles de "menor condição" em público; em público, com baraço e pregão pela cidade e vila; ou com coroa de cornos.

É facilmente constatável que, nas Ordenações do Reino, incluindo as Filipinas, os homens de determinada classe social (*Título LX* - "se for peão, e se fôr de qualidade, em que não caibão açoutes") dispõem de privilégios, sobretudo o de não serem submetidos às penas de açoite, que, por serem executadas em público e, no mais das vezes, com baraço e pregão, eram infamantes, desonrando o condenado.

Graças a este caráter vil e humilhante, alguns condenados ("peões") queriam escapar-lhe, buscando, até o último momento, vínculo de parentesco com algum nobre, a fim de evitar esta modalidade de condenação.

O Título CXXXVIII das Ordenações Filipinas trata "*Das pessoas que são escusas de haver pena vil*", no qual se encontra uma lista das profissões e títulos de nobreza, que "*devem ser relevados de haver pena de açoutes, ou degredo com baraço e pregão, por razão de privilégios, ou linhagem*": os escudeiros dos prelados e dos fidalgos; os escudeiros à cavalo; os moços da estribeira do rei ou da rainha; os príncipes e os infantes; os duques; os marqueses; os prelados; os condes ou qualquer pessoa do Conselho Real; os pajens dos fidalgos; os juízes, os procuradores, os pilotos de navios e outros.[180]

---

[180] Título CXXXVIII

O atenazamento consistia em apertar a carne do condenado, com tenaz ardente[181] e era aplicável apenas ao escravo ou filho, que sacasse arma contra seu senhor ou pai (*Título XLI – Do scravo, ou filho, que arrancar arma contra seu senhor, ou pai*).

Apesar de ter abandonado a pena de desorelhamento, prevista nas Ordenações Manuelinas, as Filipinas mantiveram a crueldade, ao previrem as penas corporais de mutilação de mãos e da língua (Ex. *Título XXXV - Dos que matassem, ou ferissem, ou tirassem com Arcabuz ou Besta*). Ao lado do espectáculo da execução da pena capital, estas eram as preferidas das multidões.

As marcas de fogo no rosto deixaram de ser utilizadas nos ladrões e eram previstas apenas para os cristãos novos e mouros e cristãos mouriscos, que se fossem para a terra de Mouros ou para as partes de África; e para os que os levassem (*Título CXI - Dos Cristãos novos e Mouros e Cristãos mouriscos que se vão para a terra de Mouros, ou para as partes de África e dos que os levam*).

Além das penas acima, em vários Títulos encontramos previsão de penas corporais arbitrárias.

> E bem assi, se o quereloso for Meirinho, ou Alcaide, ou cada hum dos seus homens, poderá querelar, postoque seja inimigo, nos casos, em que per nossas Ordenações lhe he expressamente applicada pena de dinheiro, per razão de alguns crimes, nos quaes além da pena de dinheiro *he proposta pena corporal.* (Ordenações Filipinas, Quinto Livro, Título CXVII - Em que casos se devem receber querelas) [...] lho darem outras maiores penas corporaes, segundo lhes per Direito parecer [...] (Ordenações Filipinas,

---

[181] Pinça de hastes resistentes para prender e segurar corpos (FERREIRA, Aurélio Buarque de Holanda. *Op. cit.*)

Quinto Livro, Título II - Dos que arrenegão, ou blasfemão de Deos, ou dos Santos).

[...] será mais condenado para a parte, que o demandar, *em pena corporal* e pecuniária [...] (Ordenações Filipinas, Quinto Livro, Título LXXXII - Dos que jogam dados ou cartas ou as fazem ou vendem ou dão tabolagem, e de outros jogos defesos)

Os tormentos não eram propriamente penas, sendo disciplinados em dispositivo próprio - *Título CXXXIII (Dos Tormentos)* - como modalidade de coerção, para a obtenção de confissão, quando houvesse indícios de responsabilidade do acusado (Ex. *Título XXXVII - Dos delitos cometidos aleivosamente*).

Ainda que todas as penas se apresentassem como uma reprovação da ordem jurídica sobre o fato, a desonra por elas provocada era mera decorrência e não seu objetivo.

5.2 Penas pecuniárias

No regime das Ordenações, as penas pecuniárias – confisco, total ou parcial; e multa – podiam ser impostas isolada ou cumulativamente com as penas corporais, a exemplo do crime daqueles *"que jogam dados ou cartas ou as fazem ou vendem ou dão tabulagem e de outros jogos defesos"* (Título LXXXII), no qual era cominado o pagamento de determinada quantia, além de açoites.

O confisco podia recair sobre os bens ou as receitas (fazendas), como pena principal ou acessória, sendo aplicável a crimes como os dos hereges e apóstatas; lesa majestade; dos que fizessem moeda falsa, ou a despendessem, e dos que cerceassem a verdadeira, ou a desfizessem; dos que cometessem pecado de sodomia, e com alimárias; dos Ourives que engastassem pedras falsas ou contrafeitas, ou fizessem falsidades em suas obras; dos que jogassem dados ou cartas ou as fizessem ou vendessem ou dessem tabolagem, e de outros jogos defesos; dos Mouros e dos judeus que andassem sem sinal; que imprimissem livros sem licença d'El-Rei; ou dos que pedissem esmola para invocação alguma sem sua licença.

A multa era paga a duas partes: ao acusador e ao lesado ou prejudicado, calculada em quantia fixa[182], como dote; ou em um múltiplo do valor do prejuízo (dobro, tresdobro, quatrodobro, anoveado[183], etc.). Era prevista largamente aos hereges e apóstatas; aos Feiticeiros; aos Cortesãos, ou que costumassem andar na Corte, trazendo nela barregão; dos que resistissem ou desobedecessem aos Oficiais da Justiça, ou lhes dissessem palavras injuriosas; dos furtos e dos que trouxessem artifícios para abrir portas; dos que tomassem alguma coisa por força; aos que achassem escravos, aves, ou outras coisas e não as entregassem a seus donos, nem as apregoassem; aos que dessem ajuda aos escravos cativos para fugirem ou os encobrissem; aos mercadores que quebrassem; aos Oficiais d'El Rei que recebessem serviços ou peitas, e das partes, que lhes dessem, ou prometessem; aos que se concertassem com outrem para lhe fazer despachar algum negócio na Corte; aos Mouros e aos judeus que andassem sem sinal; aos que fizessem cárcere privado; ou aos que tirassem ouro ou dinheiro para fora do Reino.

Nas Ordenações Filipinas, o perdimento de bens – objeto do crime, escravos, fazenda - passou a ser mais utilizado cumulativamente à pena de morte (Ex. *Título LXXXI - Aos que dão música de noite*).

A reparação aos danos era a pena aplicada ao que dormisse com a mulher, que andasse no Paço, ou entrasse em casa de alguma pessoa

---

[182] Ex. dos que são achados depois do Sino de recolher sem armas e dos que andam embuçados (Título LXXIX)

[183] Nove vezes mais (Ex. que nenhuma pessoa se concerte com outra para lhe fazer despachar algum negócio na Corte (Título LXXXIII)

para dormir com mulher virgem, ou viúva honesta, ou escrava branca de guarda; aos que ferissem ou injuriassem as pessoas com quem trouxessem demandadas; ao porte das armas que fossem defesas e quando se devessem perder; ou aos que pusessem fogos.

5.3 Penas privativas e restritivas de liberdade

A prisão não representava uma alternativa penal, apresentando apenas a função preventiva, para evitar as fugas, até a condenação ao sacrifício - em uma feição assemelhada à prisão provisória ou processual - e a frustração da execução penal; ou coercitiva, como forma de obrigar o pagamento de penas pecuniárias.

Pela liberdade, como bem jurídico, ainda não ter a expressão que teria no futuro, sua privação ou sua mera restrição foram utilizadas em menor escala, apresentando pouca importância no conjunto de penas da Era Filipina, quando a punição era expressa da maneira mais violenta sobre o corpo e o espírito aos acusados.

A expansão do mercantilismo e do colonialismo, em um cenário onde o desenvolvimento demográfico não acompanhava suas necessidades, deu impulso às penas restritivas de liberdade: galés, que implicava em trabalhos forçados; deportação e degredo.

A restrição à liberdade, por sua vez, impunha um domicílio forçado (ex. degredo) ou a saída do território nacional (ex. desterro), com o objetivo de afastar o indivíduo do local do crime. Consistia também na proibição de frequentar determinados lugares ou submeter-se à vigilância da autoridade pública, espécies encontradas até os dias de hoje.

A prisão no tronco continuava a ser admitida. Contudo, aqui parecia local diverso das anteriores, destinando-se àqueles que fossem presos depois do sino tocar, para, no dia seguinte, serem levados à Cadeia (Exs. *Título LXXIX - Dos que são achados depois do Sino de recolher sem armas e dos que andam embuçados*; e *Título LXXX - Do porte das armas que são defesas e quando se devem perder*).

[...] seja preso, e stê na Cadêa hum mez..." [184];

[...] pagará da Cadêa..."[185]

Embora previstas em vários Títulos das Ordenações, a prisão ostentava, na maior parte dos casos, uma finalidade meramente coercitiva: obrigar ao pagamento das penas pecuniárias, custas e dívidas.[186] [187] No caso da condenação a pena pecuniária, o réu permanecia preso, até que obtivesse o suficiente para pagar a quantia devida (*"pagar da Cadêa"*) (Ex. *Título XCVI - Dos que sendo apercebidos para servir por cartas do Rei o não fazem ao tempo ordenado*; e *Título CXVIII - Dos que querelam maliciosamente ou não provam suas querelas e denunciações*).

A pena de prisão aplicava-se a condutas bastante diversificadas. Se assim não fosse, podia ter uma função preventiva – evitar a fuga do condenado antes da condenação - como nos crimes dos que dormissem com mulheres orfãs, ou menores, que estivessem a seu cargo; dos que viessem de fora do Reino em assuada a fazer mal; dos prelados e

---

[184] Ex. Do porte das armas que são defesas e quando se devem perder (Título LXXX)

[185] Ex. dos que sendo apercebidos para servir por cartas do Rei o não fazem ao tempo ordenado (Título XCVI)

[186] *"De fato, as cadeias não eram instituições demasiadamente importantes dentro dos esquemas punitivos implementados pelas autoridades coloniais. Na maioria dos casos, tratava-se de meros lugares de detenção para suspeitos que estavam sendo julgados ou para delinquentes já condenados que aguardavam a execução da sentença."* (AGUIRRE, Carlos. Cárcere e sociedade na América Latina 1800-1940 *In*: MAIA, Clarissa Nunes *et alli*.(Org.). *Op.cit.*, p. 37-38)

[187] *"Pode-se dizer que a sociedade feudal conhecia o cárcere preventivo e o cárcere por dívidas, mas não se pode afirmar que a simples privação da liberdade, prolongada por um determinado período de tempo e não acompanhada por nenhum outro sofrimento, fosse conhecida e portanto prevista como pena autônoma e ordinária."* (MELOSSI, Dario e PAVARINI, Massimo. *Op. cit.*. p.21)

fidalgos que açoutassem malfeitores em seus coutos, honras, bairros ou casas, e dos devedores que se acolhessem a elas.

A finalidade preventiva da prisão é assinalada neste dispositivo de caráter processual:

> [14]. E não querendo accusar, tomem os Juízes o feito pela Justiça nos casos onde ella ha lugar, e fação as accusações a custa dos querelosos, se tiverem bens, ou de seus fiadores; e se não tiverem bens, nem dado fiança, serão logo presos. [...] E os querelosos não serão soltos, até que paguem aos Concelhos todas as custas, que devião pagar, se os feitos seguirão em pessoa, com todos os danos, que os Concelhos por essa causa receberem. (Ordenações Filipinas, Quinto Livro, Título CXVII - Em que casos se devem receber querelas)

Raramente, tinha uma função verdadeiramente repressiva, como quando era aplicada aos que dormissem por força com qualquer mulher, ou travassem dela, ou a levassem por sua vontade; aos Vadios; aos Ciganos, Arménios, Arábios, Persas e Mouriscos de Granada, que entrassem no Reino; aos escravos que vivessem por si e aos Negros que fizessem bailos em Lisboa; aos que comprassem vinho ou azeite para revender.

E, com menor frequência, apresentava caráter misto, quando aplicada aos que vendessem naus, navios a estrangeiros, ou os fossem fazer fora do Reino, quando se previa também o perdimento de bens.

A expressão "servidão" era qualquer sanção que impusesse restrições severas à liberdade de conduta e deslocamento do condenado, incluindo a própria prisão, e englobava não só o trabalho forçado, mas também a perda de liberdade. Designava, também, instituições disciplinares e penais. Várias formas de servidão disciplinar tornavam-se penais[188], que podiam ser cumpridas em casas de trabalho (*workhouses*) ou em outro local.

Vista como uma sanção intermediária entre a morte por decapitação e as penas menores, a servidão penal popularizou-se na Europa do início do século XVI, tornando-se quase tão frequente quanto as penas corporais. Esta mudança deveu-se não só ao interesse surgido da Reforma e Contrarreforma, em relação ao fortalecimento dos valores morais, a partir da eliminação da ociosidade por meio do trabalho, mas igualmente pela possibilidade de obtenção de mão de obra gratuita daqueles submetidos à prisão. Era a sanção utilizada nos casos em que judeus e mouros se faziam passar por cristãos, quando os ofendidos podiam tomá-los como escravos (*Título CIX - Das coisas que são defesas levarem-se a terras de Mouros*).

A servidão era corriqueira em tempos anteriores às Ordenações, nas quais aparecia como pena apenas no crime de levarem-se coisas defesas a terras de mouros (*Título CIX*). Desde a Antiguidade, com os egípcios, a humanidade já conhecia a servidão penal, geralmente de caráter perpétuo, utilizando-a para a construção de suas cidades e obras monumentais.

Nas penas de banimento, torna-se difícil apontar seguramente quem era o verdadeiro castigado. Quando o condenado tinha laços com algum grupo social, no qual tinha uma família, uma ocupação ou bens, o banimento era uma verdadeira punição. No entanto, se ele não tinha vínculos com nada, nem ninguém, o banimento representava nada mais que o prolongamento de sua existência marginal.

Foi uma pena recorrente nos impérios coloniais, para os quais serviam a um propósito econômico: o povoamento, vigilância e

---

[188] SPIERENBURG, Peter. The body and the State. Early Modern Europe. *In*: MORRIS, Norval and ROTHMAN, David J. (Org.) *Op.cit*. p.58

desenvolvimento das colônias.[189] Em Portugal, os "indesejáveis" eram enviados a Ceuta, Açores, Madeira, Cabo Verde, São Tomé, Mazagão, Moçambique, Angola, Castro Marin, Goa e Brasil, onde eram transformados em soldados ou mão de obra gratuita, o que marcaria de forma indelével a história de nossa formação social.[190]

Apesar dos historiadores e doutrinadores referirem-se indistintamente a banimento, desterro e degredo, o Código Criminal do Império preocupou-se em distinguir as três espécies de penas. De acordo com este diploma, o *banimento* retirava dos condenados a cidadania brasileira e impedia-os para todo o sempre de viver no território nacional, sendo que a pena para aqueles que não obedecessem à imposição era a prisão perpétua (*artigo 50*); o *degredo* obrigava os réus a residirem no local estabelecido pela sentença, diverso daquele de sua residência, de onde estavam impedidos de sair, pelo prazo determinado (*artigo 51*); e o *desterro* proibia o condenado de voltar ao local do crime, de sua residência e da residência da vítima, pelo tempo determinado pela sentença (*artigo 52*).

---

[189] Alemanha (1883-1919), Bélgica (1885-1962), Brademburgo/Prússia (1683-1721), Dinamarca (1620-1953), França (1605 até nossos dias), Inglaterra (1607 até nossos dias), Espanha (1492-1975), Holanda (1602-1975), Itália (1885-1943), Portugal (1491-1999), Rússia (1580-1917) e Suécia (1638-1663 e 1785-1878).

[190] *"No dia 31 de maio de 1535 (cerca de um ano após a assinatura da primeira carta de doação), o rei D. João III declarou as capitanias do Brasil território 'de couto e homizio': ou seja, uma região na qual crimes cometidos anteriormente em outros lugares ficavam instantaneamente prescritos e perdoados. O Brasil transformou-se, assim, numa colônia para a qual os condenados de Portugal eram enviados para cumprir degredo. [...] Vários donatários foram forçados a trazer consigo centenas de degredados. Embora muitos dos condenados fossem 'indivíduos de baixa esfera e de costumes pervertidos, que traziam no próprio corpo o estigma de sua infâmia' – tendo sido marcados com ferro em brasa ou, mais frequentemente, 'desorelhados' – alguns haviam sido punidos por questões fiscais, relacionadas com o não pagamento de impostos."* (BUENO, Eduardo. **Capitães do Brasil. A saga dos primeiros colonizadores**. Volume III, Coleção Terra Brasilis, Rio de Janeiro: Objetiva, 1999, p. 91)

Trazendo a distinção para o contexto das Ordenações Filipinas, o degredo, como sanção penal, era uma prática não só de punição, mas também de exclusão social, consistente no afastamento compulsório do local do crime para outro distante, sujeito à mesma autoridade, por tempo determinado ou para sempre, retirando-o do convívio da família e de seu meio social. Podia implicar em uma privação econômica, quando lhe fosse aplicada cumulativamente a perda de bens.

No entanto, era considerada uma pena mediana e, talvez por isto, de emprego recorrente, não só em criminosos menos perigosos[191], mas também em pessoas de maior graduação social, transformando-se na sanção emblemática do período colonial brasileiro. Seus alvos principais eram aqueles que tivessem cometido crimes de natureza política, religiosa ou moral, relativos especialmente à sexualidade, muitas vezes considerados como ofensa à religião: sodomitas e devassos, bígamos, estupradores, sedutores, amancebados, rufiões, travestidos, entre outras condutas indesejáveis, em uma concepção semelhante aos atuais crimes políticos.[192]

A rigor, não deveria sequer ser considerada uma pena inteiramente infamante, pois era aplicável a condutas bastante diversas entre si - crimes menores[193], crimes sérios (ou graves)[194] e crimes muito sérios (ou absolutamente imperdoáveis).[195]

---

[191] *"A selvagem jurisprudência do antigo regime, tanto em Portugal como na Inglaterra, sentenciou inúmeros larápios insignificantes e criminosos menores a longos períodos de prisão, ou ao exílio, por delitos que hoje seriam tratados sumariamente mediante o pagamento de uma caução ou pequena multa."* (BOXER, Charles R. **O Império Marítimo Português (1415-1825)**, São Paulo: Companhia das Letras, 2002, p. 326.)

[192] VIOTTI DA COSTA, E. (2012). Primeiros povoadores do Brasil: o problema dos degredados. **T.E.X.T.O.S DE H.I.S.T.Ó.R.I.A. Revista do Programa de Pós-Graduação em História da UnB.**, 6(1-2), 77–100. Recuperado de https://periodicos.unb.br/index.php/textos/article/view/27778. Acesso em 23 jul. 2020

[193] Eram crimes cujas penas geralmente eram pecuniárias (multa), mas que, dependendo da condição social do condenado, podiam implicar no degredo interno,

À esta época, a liberdade ainda não era um ideal e, quando passasse a sê-lo, também seria mais severamente cerceada, até a sua privação. Aqui, tratava-se de uma pena que apenas a restringia, pois, quando chegasse à colônia destino, o condenado estava relativamente livre para trabalhar e refazer sua vida. Durante a pena, condenado estava sujeito apenas a duas obrigações: a permanência naquele local e a proibição de ocupar qualquer cargo público ou burocrático na Câmara. Todavia, a falta de funcionários portugueses muitas vezes inviabilizou a concretização desta restrição.

A Coroa portuguesa mantinha um sistema de vigilância do início ou do final da pena, quando o degredado poderia obter uma certidão do tempo cumprido, emitida pelos Contadores, e retornar a Portugal.

Podia ser aplicada com ou sem baraço[196] ou pregão[197]. Neste caso, a proclamação da sentença também podia ocorrer nas audiências

---

para os coutos ou homizios, ou para as colônias africanas. Por outro lado, eram mais facilmente perdoáveis, merecedores da graça real, como os dos que benzessem cães ou bichos sem autoridadae d'El Rey ou dos prelados (Título IV), dos homens cortesãos ou que costumassem andar na Corte trouxessem nela barregã (Título XXVII), dos barregueiros casados e de suas barregãs (Título XXVIII), das barregãs dos clérigos e de outros religiosos (Título XXX), do homem que se vestisse em trajes de mulher ou mulher em trajes de homem e dos que trouxessem máscaras (Título XXXIV)

[194] Geralmente não eram perdoáveis, como os crimes dos feiticeiros (Título III), dos que matassem, ferissem ou tirassem com arcabuz, ou besta (Título XXXV) ou dos que tomassem alguma coisa por força (Título LXI).

[195] Os crimes mais graves e, portanto, imperdoáveis, assim eram considerados, porque ameaçavam o Estado, pela ofensa a seus princípios religiosos (Título II – Dos que arreganassem ou blasfemassem de Deus ou dos santos), políticos (Título VIII - Dos que abrissem as Cartas do Rei, ou da Rainha, ou de outras pessoas), econômicos (Título XII – Dos que fizessem moeda falsa ou a despendessem e dos que cerceassem a verdadeira ou a desfizessem) e sociais (Título XIII – Dos que cometessem pecado de sodomia e com alimárias).

[196] Corda ou laço para apertar a garganta. (FERREIRA, Aurélio Buarque de Holanda. *Op. cit.*)

dos tribunais, constituindo-se em pena menos humilhante que a realizada nas ruas. Além de castigar, estas penas apresentavam uma função preventiva, para inibir o comportamento criminoso na sociedade, ao mostrar qual tratamento seria dado àqueles que ousassem transgredir a lei.

O degredo comportava gradação, de acordo com a espécie e gravidade do delito. Tratava-se da pena principal em dezenas de crimes, mas podia ser o resultado da comutação de pena capital; da aplicação de circunstância agravante em crime cuja pena fosse menos grave[198]; ou, ao contrário, da aplicação de circunstância atenuante em outros cuja sanção fosse mais severa[199]. Podia ser imposto por tempo determinado (um ano, dois anos, três anos, quatro anos, cinco anos, seis anos, dez anos)[200], indeterminado ou perpétuo[201] (Ex. *Título LXXVIII - Dos que compram colmeias para matar as abelhas e dos que matam bestas*).

---

[197] Proclamação pública da acusação e da pena. (FERREIRA, Aurélio Buarque de Holanda. *Op. cit.*)

[198] *"E a pessoa que matar besta, de qualquer sorte que seja, ou boi ou vaca alheia por malícia, se for na vila ou em alguma casa, pague a estimação em dobro, e se for no campo, pague o tresdobro, e todo para seu dono: e sendo o dano de quatro mil réis, seja açoitados e degredado quatro anos para África. E se for de valia de trinta cruzados e daí para cima, será degredado para sempre para o Brasil."* (Dos que compram colmeias para matar as abelhas e dos que matam bestas, Título LXXVIII)

[199] *"4. E quando alguns delinqüentes forem em nossas Relações por appellação, ou por aução nova condenados para Galés, alegando que são Scudeiros, ou dahi para cima ou de menos idade, que de dezaseis annos, ou de mais de cincoenta e cinco, ou que tem tal enfermidade, porque não possão, nem devão servir nas Galés, e provando-o, os Desembargadores, que na sentença forão, poderão commutar o degredo dellas para o Brazil, tendo respeito que hum anno de Galés se commute em dous para o Brazil, e assi os outros annos a este respeito."* (Dos degredos e degredados, Título CXL)

[200] A definição de degredo temporal pode ser encontrada no parágrafo 14º do Título CXXIV do Livro V ("Da ordem do Juízo nos feitos crimes") (ALMEIDA, Cândido Mendes de. *Op. cit.*, p. 1.291)

[201] Dos feiticeiros (Título III)

Os mais leves enviavam o condenado para fora do local de residência – Reino, Senhorio[202,] Capitania, Vila, Bispado ou Termo. Os membros da Igreja iam para um mosteiro ou para outro local determinado, por tempo definido.[203]

Os degredos mais graves impunham um local designado, preferencialmente nas colônias africanas recém-descobertas, como São Tomé, Ceuta e Goa, na Índia ou couto de Castro-Marim, para mulheres[204] – que era a pena mais recorrente, embora não fosse a principal.

Em casos menos graves, o degredo era cumprido em qualquer colônia da África, dependendo da disponibilidade de transporte, ou Castro Marin; ou fora do Reino, da vila ou termo; ou, ainda, nas galés. Em determinados casos, o degredo nas galés podia ser comutado, a razão de um ano de galés para dois anos no Brasil.

Sua lógica determinava que, quanto mais grave o crime, mais longa a sua duração e mais distante do Reino o seu local. Mazagão, no Marrocos, estava suficientemente perto da Europa, para permitir o regresso do condenado; Angola, Benguela e Moçambique, apesar de não serem tão longe de Portugal, eram lugares tão inóspitos, que quase equivaliam à pena de morte. Já o Brasil, o Maranhão e a Índia, além de tão ruins quanto os anteriores, dada a distância e dificuldades de transporte, impunham um período de pelo menos cinco anos, sendo considerada a sanção mais grave superada apenas pela pena de galés e pela pena capital, pois não permitiam esperança de regresso a Portugal.[205]

---

[202] Posse, domínio, propriedade.
[203] Que o frade que for achado com alguma mulher, logo seja entregue a seu superior (Título XXXI)
[204] SPIERENBURG, Peter. The body and the State. Early Modern Europe. *In*: MORRIS, Norval and ROTHMAN, David J. (Org.) *Op.cit*. p. 55
[205] Dos degredos e degredados (Título CXL)

As Ordenações Filipinas, em seu Título CXL, e o Regimento dos Degredados, de 27 de julho de 1582, estabeleciam a complexa logística da prisão e transporte dos condenados da cidade ou vila (comarca) até o distrito vizinho e, em seguida, até Lisboa; e, de lá, ao local do degredo, em levas de pelo menos seis pessoas. Alguns deles eram obrigados a vir presos "em ferros" nos pés e no tórax, enquanto os de mais elevada posição social eram acorrentados apenas nos pés. As despesas corriam por conta do Corregedor da comarca de origem.

Com o declínio do Colonialismo, na segunda metade do século XIX, o degredo perdeu a importância, não só para os países sem colônias, mas mesmo para os que as tinham, que passaram a enfrentar os interesses da população livre, como a Inglaterra; ou percebiam a ineficácia reabilitadora desta pena, como a França.

Além das penas capitais e corporais, as Ordenações do Reino previram várias penas infamantes ou vexatórias, que buscavam atingir a dignidade e a reputação do condenado, fosse privando-o desta, fosse restringindo o exercício de determinados direitos, não só para si, mas até mesmo para seus descendentes (*v.g. Título VI – Do crime de lesa majestade*).

Equivalente a "morra por isso", a morte civil tratava-se de uma ficção, que pressupunha a perda da cidadania, com a perda da personalidade jurídica e, consequentemente, dos direitos civis e políticos – cidadania - além da graduação social, pelo que o condenado era excluído de seu meio social.

> Outra corrente sustentava, ao contrário, que o morra por isso (ou *por ello*) significava mera morte civil. O argumento mais forte de que se valia pode ser assim resumido: em alguns casos a lei falava em morra *por ello* (ou por isso) morte natural, enquanto em outros delitos, apenas, morra *por ello* (ou por isso); ora, se com esta expressão pretendesse explicitar a morte natural, ou seja, o mesmo que o contido naquela,

teríamos que as palavras morte natural, na primeira, seriam escusadas e inúteis, o que se não compadeceria com o princípio de que a lei não abriga palavras supérfluas. [...] Outros autores adotavam soluções mistas [morte natural ou morte civil] para o problema, que nunca foi pacificado.[206]

Podiam produzir este efeito o degredo perpétuo nas galés, a prisão e o degredo perpétuo fora do reino (desnaturalização). A morte civil podia ser aplicada como pena principal; ou como pena acessória, junto ao perdimento de bens, deportação ou prisão perpétua (Ex. *Título XII - Dos que fazem moeda falsa, ou a dispendem, e dos que cerceiam a verdadeira, ou a desfazem*).

A infâmia era um sinal de execração pública, privando o condenado de sua boa reputação, confiança e participação social. Esta pena, aplicável até aos descendentes de segundo grau (netos) varões dos condenados do sexo masculino, os impedia de obter a honra de Cavaleiro, ou de qualquer outra dignidade, ou ofício; receber herança ou doação, exceto na hipótese de reabilitação (*Título VI – Das pessoas do Conselho del-Rey, e Desembargadores, que descobrem o segredo*).

A proscrição transformava o condenado em um marginal, do ponto de vista social, fazendo com que perdesse sua posição social e privilégios correspondentes (Exs. *Título VI – Do crime de Lesa Majestade*; e *Título XCII - Dos que tomam insignias de armas e dom ou apelidos que lhes não pertencem*).

A suspensão, privação ou inabilitação para o exercício de cargo ou função pública era a pena cominada a crimes como das pessoas do Conselho d' El-Rey, e Desembargadores, que descobrissem o segredo;

---

[206] THOMPSON, Augusto. **Escorço Histórico do Direito Criminal Luso-Brasileiro**. São Paulo:Revista dos Tribunais, 1976, p.86-87

ou do Oficial do Rei, que dormisse com mulher que perante ele requeresse.

A retratação era a pena aplicável na hipótese em que se fizessem ou dissessem injúrias aos julgadores ou a seus Oficiais.

Por ser uma ofensa à família, aos bons costumes e à Igreja, o adultério era severamente punido, não só com a morte, reparação de danos e degredo, mas também, na hipótese de condescendência do marido, com capela de chifres na cabeça, para a adúltera e seu cônjuge (*Título XXV – Do que dorme com mulher casada*).

Polainas (enxaravia) eram insígnias que as alcoviteiras, ainda não degredadas, usavam na cabeça. Consistia em lenço de seda vermelha, que servia para toucas (beatilha), utilizado enquanto não partiam para o degredo (*Título XXXII - Dos Alcoviteiros e dos que em suas casas consentem a mulheres fazerem mal a seus corpos*). O mesmo ocorria com mouros e judeus, que, ao saírem à rua, tinham de usar certos sinais distintivos: os primeiros, uma lua de pano vermelho de quatro dedos, cosida no ombro direito, na capa e no pelote; e estes, carapuça ou chapéu amarelo (*Título XCIV - Dos mouros e judeus que andam sem sinal*).

O casamento com a ofendida era a pena daquele que dormisse com mulher virgem, ou viúva honesta voluntariamente (*Título XXIII - Do que dorme com mulher virgem, ou viúva honesta por sua vontade*).

A pena civil aplicava-se a poucos crimes: os que cometessem pecado de sodomia e com alimárias; os que ferissem ou injuriam as pessoas com quem trouxessem demandadas; os mexeriqueiros; os que sem licença do Rei fossem ou mandassem à Índia, Mina e Guiné; e os que, se fossem com licença, não guardassem seus Regimentos.

5.4 Penas arbitrárias e extraordinárias

[...] segundo arbítrio do Julgador [...];

[...] que seja gravemente castigado[...];

[...] haverá qualquer outra pena pública, que ao Julgador parecer, [...]

Como a legalidade ainda não constituía uma garantia, havia crimes cujas penas não eram previstas, ficando a critério do julgador, muitas vezes conforme a classe social e qualidade da lesão *([...] havendo-se respeito à qualidade das palavras e diffamação, e das pessoas contra quem [...])* (Ex. *Título LXXXIV - Das Cartas difamatórias*; e *Título XIII - Dos que cometem pecado de sodomia, e com alimarias*).

Além das penas previstas nos demais títulos, o julgador poderia atribuir outras, a seu critério, nos crimes dos que cometessem pecado da sodomia e com alimárias; ao Oficial do Rei, que dormisse com mulher que perante ele requeresse; aos que dormissem com mulher casada de feito, e não de direito, ou que estivesse em fama de casada; às barregãs dos clérigos e de outros religiosos; e aos que ferissem ou injuriassem as pessoas com quem trouxessem demandadas.

CAPÍTULO 6
SEGUNDA GERAÇÃO (SÉCULO XIX E XX)

O Iluminismo, pautado pela libertação do ser humano por meio da razão, a primazia da consciência individual e a ideia de que as leis da natureza, e não de Deus, governam o mundo, deu início ao denominado período humanitário do Direito Penal. Seus pilares eram o respeito à liberdade individual, a proibição ou limitação de pena de morte, a abolição da tortura, a proteção contra o arbítrio judicial e o afastamento da finalidade meramente retributiva da pena, dissociando-a do pecado, da moral e das exigências eclesiásticas.

Ainda que carecesse de originalidade, pois nada mais era do que mera repetição do ideário iluminista, o principal marco teórico do Direito Penal foi a obra do Marquês de Beccaria, Cesare Bonesana – *Dei Delitti e Delle Penne* (Dos Delitos e Das Penas)[207] (1764) - cujas ideias foram sintetizadas em sua própria conclusão:

> É que, para não ser um ato de violência contra o cidadão, a pena deve ser essencialmente pública, pronta, necessária, a menor das penas aplicáveis nas

---

[207] "Como pode um corpo político, que, longe de se entregar às paixões, deve ocupar-se exclusivamente em por um freio nos particulares, exercer crueldades inúteis e empregar o instrumento do furor, do fanatismo e da covardia dos tiranos?" (BECCARIA, Cesare Bonesana, Marchesi di. *Op. cit.*, p. 46)

circunstâncias dadas, proporcional ao delito e determinada pela lei.[208]

Para Beccaria, o crime seria uma quebra do contrato social de Rousseau[209], enquanto a pena seria uma forma de habilitar o cidadão a uma convivência social pacífica. Pugnava pelas ideias de respeito à dignidade humana e aos sentimentos de mercê e compaixão em relação aos acusados e condenados; repúdio à crueldade das penas; urgência na racionalização das leis e da administração da justiça penal; legalidade e de presunção de inocência, além da finalidade preventiva da pena.[210]

A primeira consequência desses princípios é que só as leis podem fixar as penas de cada delito e que o direito de fazer leis penais não pode residir senão na pessoa do legislador, que representa toda a sociedade unida por um contrato social.[211]

Um homem não pode ser considerado culpado antes da sentença do juiz; e a sociedade só lhe pode retirar

---

[208] *Ibidem*, p. 104

[209] "Cansados de só viver no meio de temores e de encontrar inimigos por toda parte, fatigados de uma liberdade que a incerteza de conservá-la tornava inútil, sacrificaram uma parte dela para gozar do resto com mais segurança.[...] O conjunto de todas essas pequenas porções de liberdade é o fundamento do direito de punir. [...] Com efeito, no caso de um delito, há duas partes: o soberano, que afirma que o contrato social foi violado, e o acusado, que nega essa violação." (*Ibidem*, p. 16-18)

[210] "Além disto, é possível perceber a utilização de idéias de Jean-Jacques Rousseau e de seu 'Contrato Social'. Há uma clara identificação do jusnaturalismo com o humanismo do século XVIII. A proposta reformista ressaltou a busca de uma "igualdade" nas leis como sendo o discurso fundamental para a prática do Direito. Apresentou, assim, um elemento do pensamento moderno: o 'Cidadão'; que é, antes de tudo um ser humano, só pode existir de fato, quando investido de seus direitos naturais, quando se adequar ao 'contrato social'. Daí sua utilidade para o Estado." (NORONHA, Fabrícia Rúbia G.S.. O Império dos Indesejáveis: uma análise do degredo e da punição no Brasil império. **Em tempo de Histórias**, nº 8, Brasília: UnB, 2004, p.6. Disponível em https://periodicos.unb.br/index.php/emtempos/article/download/20123/18531/34741 Acesso em 30 set. 2020)

[211] *Ibidem*, p. 18

a proteção pública depois que seja decidido ter ele violado as condições com as quais tal proteção lhe foi concedida. Só o direito da força pode, pois, autorizar um juiz a infligir uma pena a um cidadão quando ainda se duvida se ele é inocente ou culpado.[212]

Para que uma pena seja justa, deve ter apenas o grau de rigor suficiente para desviar os homens do crime.[213]

No plano legislativo, estes ideais liberais e humanitários, inspiradores de uma série de movimentos filosóficos, político-sociais e culturais mundo afora, terminaram por fundamentar nossa primeira Carta Constitucional. No artigo 179 da Constituição Política do Império do Brasil, de 25 de março de 1824, foram elencados direitos e garantias individuais de natureza penal e processual: legalidade (*I e XI*), utilidade pública da lei penal[214] (*II*), anterioridade (*III*), presunção de inocência e devido processo legal (*VIII a X*), coisa julgada (*XII*), igualdade (*XIII*), juiz natural (*XVII*), proibição de penas cruéis e infamantes (*XIX*), intranscendência das penas (*XX*), dignidade do preso e individualização da pena e da execução penal (*XXI*), além da própria elaboração de um Código Criminal (*XVIII*) e garantia dos direitos individuais (*XXXIV*).

No Direito Penal deste período, as ideias acolhidas por Beccaria revelaram-se fundamentalmente na estruturação de um sistema jurídico que enumerasse taxativamente os crimes e suas respectivas sanções (*nullum crimen, nulla pena sine lege*).

Ainda assim, identificava-se o embate entre duas correntes ideológicas, não só no conceito de crime, mas, principalmente, no rol

---

[212] *Ibidem*, p. 35
[213] *Ibidem*, p. 51
[214] Nitidamente inspirada na doutrina utilitarista de Jeremy Bentham, para a qual os sistemas legislativos deveriam basear-se na utilidade.

das penas. De um lado, a elite vanguardista de bacharéis e magistrados portugueses, partidários das ideias liberais; e, do outro, os escravagistas e proprietários de terras, alinhados com a Coroa portuguesa e defensores da disciplina como forma de controle. Neste confronto ideológico, coexistiam os velhos procedimentos jurídico-penais conservadores e um Direito formalmente iluminista, cujos reflexos seriam perceptíveis na legislação criminal da época: a proibição da prática da tortura, açoites e marcas de ferro eram válidas para os "cidadãos".

A instituição do processo penal veio a transformar a vingança privada em vingança pública, atribuída ao Estado, porém dotada de racionalidade. Ao mesmo tempo, a legislação criminal de 1830 legalizava a violência privada contra os escravos, demonstrando que não houve uma ruptura com o sistema penal colonial, mas sim uma tentativa de incorporar o liberalismo europeu e os ideais iluministas.

> Art. 14. Será o crime justificavel, e não terá lugar a punição delle:
>
> ....
> ....
>
> 6º Quando o mal consistir no castigo moderado, que os pais derem a seus filhos, os senhores a seus escravos, e os mestres a seus discipulos; ou desse castigo resultar, uma vez que a qualidade delle, não seja contraria ás Leis em vigor.[215]

---

[215] BRASIL. **Lei de 16 de dezembro de 1830**. Código Criminal do Império. Publ. 8 jan. 1831 Disponível em http://www.planalto.gov.br/ccivil_03/leis/lim/lim-16-12-1830.htm. Acesso em 12 jul. 2020

6.1 Código Criminal de 1830

A partir de 1808, com a chegada da Família Real Portuguesa ao Brasil, foi editada uma série de alvarás, decretos e leis, que promoveram alterações pontuais, sem, contudo, modificarem significativamente as Ordenações então vigentes.

A independência de Portugal determinou a necessidade do Brasil ter a sua própria estrutura jurídico-política. Contudo, diante da carência de normas jurídicas na recente nação, a Assembleia Legislativa, por Lei de 20 de outubro de 1823, determinou que continuariam a vigorar, no novo Império, as Ordenações Filipinas e demais leis portuguesas, até a elaboração de uma nova codificação, o que viria a ocorrer por força da disposição do artigo 179, XVIII da Carta Constitucional de 1824.

Era fundamental substituir os institutos jurídicos e as instituições judiciais e policiais, mesmo com tensões entre as novas ideias surgidas na Europa e Estados Unidos e as que conformaram nossa condição de colônia portuguesa.

Assim, em 16 de dezembro de 1830, D. Pedro I sancionou o Código Criminal do Império do Brasil, nitidamente influenciado pelo humanitarismo de Beccaria e Bentham e pelas novas legislações penais de nações mais desenvolvidas, como Rússia (1769), Prússia (1780), Pensilvânia (1786), Toscana (1786), Áustria (1787), França (1810), Baviera (1813) e Nápoles (1819), que tinham como pontos de convergência o abrandamento e humanização das penas, com a abolição das sanções cruéis, e a legalidade das penas e do processo (*artigo 33*). Por sua vez, influenciou grandemente o Código Penal Espanhol de 1848 e o Código Penal Português de 1852, por sua clareza, precisão, concisão e apuro técnico.

O Código apresentava 313 artigos, em quatro partes, divididas em títulos e capítulos: I - dos crimes e das penas (*artigos 1º a 67*); II - dos crimes públicos (*artigos 68 a 178*), contra os interesses nacionais gerais, praticados contra a ordem política instituída, o Império e o imperador – que, dependendo de sua abrangência, podiam ser revoltas, rebeliões ou insurreições; III - dos crimes particulares (*artigos 179 a 275*), praticados contra a propriedade ou contra o indivíduo; e IV - dos crimes policiais (*artigos 276 a 313*), para os quais o Estado devia atentar, para prevenir crimes mais graves, e que recaiam contra a civilidade e os bons costumes, como imprensa, vadiagem, capoeiras, prostituição e sociedades secretas.

A codificação podia ser considerada tecnicamente liberal, não só por ter acatado os postulados da Carta de 1824, ao valorizar a dignidade humana, mas, principalmente, por promover uma evolução no sistema penal, com a transformação das penas privativas de liberdade, incluindo a prisão com trabalho, em penas autônomas; a substituição à pena de morte; e a abolição de parte das sanções infamantes.

Ainda que a privação da liberdade tenha se tornado o eixo do sistema penal e passado a ser prevista cada vez mais como substituta para as sanções corporais, verificava-se, ainda, o resquício da pena de morte, prisão perpétua, galés e das penas corporais para os escravos, para cuja tutela havia um crime próprio – insurreição (*artigo 110*), só abolido a partir de 1888.

A despeito da incoerente manutenção da escravidão, açoites e pena de morte para rebelião de cativos, as penas eram executadas de maneira menos indigna, de acordo com as disposições do próprio Código Criminal e do Código de Processo Criminal de 1832[216] e de sua

---

[216] BRASIL. **Lei de 29 de novembro de 1832**. Promulga o Codigo do Processo Criminal de primeira instancia com disposição provisoria ácerca da administração da Justiça Civil. Disponível em http://www.planalto.gov.br/ccivil_03/Leis/LIM/LIM-29-11-1832.htm. Acesso em 12 jul. 2020

reforma, em 1841[217], ainda que distantes do que hoje poderia ser considerado digno ou razoável.

O novo Código Criminal inovou na pena pecuniária, introduzindo o sistema que viria a ser conhecido como dias-multa, cujo valor unitário era calculado na proporção de 1/30 da renda e patrimônio do condenado (*artigos 55 a 57*). Outra novidade era a reparação do dano, como efeito da condenação (*artigos 21 a 32*).

Como característica das sociedades escravocratas e do período que antecedeu à Revolução Industrial, nas quais o homem era a principal força de trabalho, previram-se, outras penas - multa, galés, banimento, degredo, desterro, suspensão e perda do emprego - que podiam ser consideradas, naquele contexto, como alternativas à prisão.

6.1.1 Penas privativas e restritivas de liberdade

A codificação criminal do Império previu o trabalho prisional e a comutação de penas de morte e galés, em prisão com trabalho, impostas às mulheres, menores de 21 anos e maiores de 60 anos, antecipando a individualização da pena. As cadeias já eram superlotadas, pois, além de condenados a penas diversas, incluindo degredo, abrigavam indiciados, réus e recrutas, aos quais se juntavam vadios, mendigos, bêbados e prostitutas.

> Com o novo Código de 1830, a pena de prisão passou a ser a punição por excelência, na modalidade de prisão simples propriamente dita, ou nas variantes prisão com trabalho (art. 46) e galés (art. 44). Esta decisão baseava-se no princípio

---

[217] BRASIL. **Lei nº 261, de 3 de dezembro de 1841**. Reformando o Codigo do Processo Criminal. Disponível em http://www.planalto.gov.br/ccivil_03/Leis/LIM/LIM261.htm. Acesso em 12 jul. 2020

iluminista de que o delito indica o mau uso consciente da liberdade e, portanto, a resposta a essa infração deveria ser justamente a privação dessa mesma liberdade. Por ser este o maior bem que o ser humano possui, dentro do imaginário burguês, qualquer outro tipo de coerção ou privação tornava-se absolutamente desnecessário.[218]

A prisão simples, com duração variável entre 5 dias e 12 anos, obrigava o condenado a permanecer nas prisões públicas, com comodidade, segurança e proximidade do local do crime, pelo tempo que fosse determinado nas sentenças (*artigos 47 e 48*). Caso se tratasse de prisão simples, por até seis meses, poderia ser cumprida em qualquer prisão, designada na sentença, no local de residência do condenado ou vizinho (*artigo 48, parágrafo único*). Para os banidos que voltassem ao território nacional (*artigo 50*) ou para o Juiz de Direito, de Fato ou Árbitro condenado pelo crime de peita (*artigo 131, parágrafo único*), esta pena era perpétua.

Aplicava-se a um elenco variado de delitos, que iam desde crimes contra a Constituição do Império e forma do seu governo (*artigos 74 a 81*); aos discursos proferidos em reuniões públicas, doutrinas que diretamente destruíssem as verdades fundamentais da existência de Deus e da imortalidade da alma (*artigo 278*), passando por vadios e mendigos (*artigo 296*); ou uso de nome suposto (*artigo 301*).

---

[218] GONÇALVES, Flávia Maíra de Araújo. **Cadeia e Correção: sistema prisional e população carcerária na cidade de São Paulo (1830-1890)**. Dissertação de Mestrado. São Paulo:USP, 2010, p. 31-32. Disponível em < http://www.teses.usp.br/teses/disponiveis/8/8138/tde-03032011-125035/pt-br.php> Acesso em 2 ago. 2020

Segundo o Código Criminal de 1830, nas prisões com trabalho, este era desempenhado diariamente pelos réus, no interior dos estabelecimentos, mas, até que se estabelecessem instalações com seus requisitos necessários, estas penas seriam substituídas por prisão simples, cuja duração era acrescida de um sexto do tempo estabelecido para aquela (*artigo 49*).

A prisão com trabalho, cuja duração podia variar entre oito dias e 20 anos, era a pena cominada a delitos como os crimes contra a independência, integridade e dignidade da nação (*artigos 68 a 84*); falsidade (*artigo 167*); homicídio (*artigos 192 a 194*); rapto (*artigo 226*); poligamia (*artigo 249*); ou furto (*artigos 257 a 260*).

Em alguns poucos crimes, de caráter político, a pena de prisão com trabalho era perpétua, já demonstrando um abrandamento de penas que seriam sancionadas anteriormente de forma mais severa.

Geralmente cominado a ofensas à ordem política interna ou forma de governo, o banimento significava a expulsão do território nacional, acarretando a perda da cidadania de um país, o que tornava o condenado um apátrida. Na vigência do Código de 1890, implicava na privação da cidadania brasileira, impedindo, para sempre, que o condenado viesse a viver no território nacional. Caso esta regra fosse violada, a pena era de prisão perpétua (*artigo 50*).

O desterro consistia em qualquer espécie de limitação à liberdade de locomoção do indivíduo, quer fosse circunscrita a alguns municípios, quer a estados ou regiões do próprio território nacional. No regime do Código Criminal de 1830, implicava na proibição do condenado sair dos limites do local do crime, de sua principal residência e da vítima; ou não entrar em qualquer deles (*artigo 52*), por um período variável entre 4 e 15 anos. Era a pena aplicada aos crimes de conspiração (*artigo 107*); excesso ou abuso de autoridade (*artigo 141*); e estupro (*artigos 219, 220 e 224*).

Como forma de exclusão espacial dos condenados, pelo degredo, o condenado passava a residir em um local determinado pela sentença do juiz, diverso da comarca onde residia e do qual não podia sair até o final do tempo fixado na sentença (*artigo 51*). Aplicava-se aos crimes de abuso de autoridade (*artigo 141*) e estupro (*artigo 221*).

Nos séculos XVI e XVII, as galés eram uma prisão flutuante: uma embarcação de remos e velas, com até 25 bancadas sobrepostas, para grupos de remadores (chusma). Consideradas uma das penas mais cruéis de todos os tempos, foram implantadas na Inglaterra, França, Espanha, Nápoles, Veneza e Gênova, para condenados à pena capital, penas graves e prisioneiros de guerra, transformados em escravos a serviço das galés militares.[219] No século XVIII, alguns países da Europa Central, como a Áustria, chegaram a "vender" seus condenados excedentes, às nações em franca expansão marítima, como Veneza e Nápoles.

Também podiam ser consideradas penas infamantes, que não podiam ser aplicadas aos condenados das classes sociais mais elevadas – escudeiros para cima. Ela podia representar a comutação de outras penas, na proporção de um ano de galés para dois anos de degredo para o Brasil, desde que o condenado tivesse entre 18 e 50 anos, merecesse e o julgador a considerasse adequada.[220]

A pena de galés condenava os criminosos a serviços públicos nas ruas do local do crime, a critério do Estado, juntos ou em grupos, com calcetas nos pés e correntes de ferro (*artigo 44*). No período

---

[219] PEÑA MATEOS, Jaime. Antecedentes de la prisión como pena privativa de libertad em Europa hasta el siglo XVII. In: GARCÍA VALDÉS. Carlos (Dir.). **Historia de la Prisión. Teorías Economicistas. Crítica**. Boadilla del Monte: Edisofer, 1997, p. 72

[220] *Idem*, p. 96.

colonial, esses detentos eram chamados de galés; daí esta denominação ainda no período pós- independência.

Podiam ser temporárias, com duração de 1 a 16 anos e aplicadas a crimes como insurreição (*artigo 113 e 114*); roubo (*artigo 269*); ou lesão corporal grave e gravíssima (*artigo 272*).

Já as galés perpétuas, mais comuns, eram penas cominadas a crimes contra a independência, integridade e dignidade da nação (*artigos 82 e 83*); insurreição (*artigo 113 e 114*); ou como perjúrio (*artigo 169, § 2º*); furto simples e qualificado pelo resultado morte (*artigo 273 e 271*); ou tentativa de roubo qualificado pela lesão corporal ou morte (*artigo 274*).

6.1.2 Penas corporais

Dentro do espírito liberal, humanitário e de justiça que inspirou a elaboração do Código Criminal, a pena de morte foi excluída dos crimes políticos e dos comuns e restrita a crimes como insurreição e equiparados (*artigos 113 a 115*); homicídio agravado (*artigo 192 na forma do artigo 16, n.2, 7, 10, 11, 12, 13, 14 e 17*); e tentativa de roubo qualificado pela lesão corporal ou morte (artigo 274).

A pena de morte continuava a revestir-se de um caráter público, cujo objetivo precípuo era incutir o respeito à lei na população, priorizando seu caráter preventivo geral negativo. Contudo, em sua execução, foram abolidas a tortura, o esquartejamento e a exposição dos cadáveres.

A pena de açoite era aplicada exclusivamente aos escravos no crime de insurreição (artigo 113), na hipótese em que não tivesse sido cominada a pena capital ou de galés. Após o açoitamento, eram entregues aos seus senhores, obrigados a mantê-los em ferros, pelo tempo e na forma determinada na sentença (artigo 60).[221]

6.1.3 Penas pecuniárias

A pena de multa já existia, como pena principal e acessória, desde as Ordenações Filipinas. Foram reiteradas por lei de 20 de outubro de 1823 e permaneceram até o Código Criminal de 1830, quando implicavam, basicamente, em confisco.

Obrigava os condenados ao pagamento de uma quantia, fixada de acordo com o valor do rendimento diário dos bens e emprego do condenado (*artigo 55*), em um modelo semelhante ao que viria a ser o dia-multa. Após oito dias, seu inadimplemento sujeitava à prisão; se não houvesse pagamento, a pena era comutada em prisão com trabalho pelo tempo necessário para pagamento das multas (*artigos 56 e 57 combinados com 32*).

A multa cumulativa era graduada por tempo proporcional ao da pena principal - cinco dias a seis anos; em valores proporcionais ao dano causado ou proveito auferido - 5 a 300%; ou em quantias preestabelecidas, variáveis entre dois e 400 mil réis.

---

[221] Este dispositivo foi revogado pela Lei 3.310 de 15 de outubro de 1886: Art. 1º *São revogados o art. 60 do Codigo Criminal e a Lei n. 4 de 10 de Junho de 1835, na parte em que impoem a pena de açoutes. Ao réu escravo serão impostas as mesmas penas decretadas pelo Código Criminal e mais legislação em vigor para outros quaisquer delinquentes, segundo a espécie dos delitos cometidos,menos quando forem essas penas de degredo, de desterro ou de multa, as quais serão substituídas pela de prisão; sendo nos casos das duas primeiras por prisão simples pelo mesmo tempo para elas fixado e no de multa, se não for ela satisfeita pelos respectivos senhores, por prisão simples ou com trabalho, conforme se acha estabelecido nos arts. 431, 432, 433 e 434 do Regulamento n. 120 de 31 de Janeiro de 1842.* (BRASIL. **Lei nº 3.310 de 15 de outubro de 1886**. Revoga o art. 60 do Codigo Criminal e a Lei n. 4 de 10 de Junho de 1835, na parte em que impoem a pena de açoutes. Disponível em http://www.planalto.gov.br/ccivil_03/leis/lim/LIM3310.htm. Acesso em 2 ago. 2020)

Era a pena cominada a diversos delitos como os crimes contra a Constituição do Império e forma do seu governo (*artigo 90*); contra a liberdade individual (*artigo 185 a 188*); infanticídio (*artigo 197*); ou ajuntamentos ilícitos (*artigos 286, 287, 292 e 293*).

O confisco e perda de bens aplicavam-se a crimes como fabricar moeda sem autoridade legitima, ainda que seja feita daquela matéria e com aquela forma de que se faz e que tem a verdadeira; e ainda que tenha o seu verdadeiro, legítimo peso e valor intrínseco (*artigo 173*). Ou imprimir, gravar, litografar, ou introduzir quaisquer escritos, ou estampas, que tiverem sido feitos, compostos ou traduzidos por cidadãos brasileiros, enquanto estes viverem, e dez anos depois da sua morte, se deixassem herdeiros (*artigo 261*), entre outras condutas.

A reparação dos danos causados pelo crime era cabível na falta da exação no cumprimento dos deveres (*artigo 162*); no estupro (*artigos 222 e 224*), rapto (*artigos 226 e 227*); na calúnia e injúria (*artigos 230 a 232 e 241*); e na poligamia (*artigo 249*).

6.1.4 Penas restritivas de direitos

A suspensão privava os réus do exercício de seus empregos, por prazo determinado, quando não podiam exercer outros que não fossem por eleição popular (*artigo 58*), enquanto a perda implicava na eliminação de todos os serviços nele prestados (*artigo 59*, caput), mas permitia a promoção por nova nomeação em outros, da mesma ou de natureza diversa, exceto na hipótese de inabilidade declarada na sentença (*artigo 59, parágrafo único*).

Era aplicada nos crimes como excesso ou abuso de autoridade ou influência proveniente do emprego (*artigos 138, 139, 142, 144 a 151*); peculato (*artigos 170 a 172*); ou calúnia e injúria (*artigo 241*).

A interdição de alguns direitos, permanentemente ou por tempo determinado, era a pena aplicável aos crimes de furto (*artigo 261, parágrafo único*); ofensas da religião, moral e bons costumes (*artigo 276*); e nos ajuntamentos ilícitos (*artigo 286*).

6.2   Código Penal de 1890

Após o Código Criminal de 1830 e o Código de Processo Criminal de 1832, havia propostas para que fosse reestruturada a justiça criminal, inclusive no aspecto da execução das penas, pois não havia regulamentos internos que disciplinassem a matéria.

A mais importante crítica do Código do Império era que amplo conjunto de penas era ineficaz na recuperação dos condenados, pois privilegiava apenas o aspecto retributivo da sanção penal, constituindo medidas anacrônicas, em descompasso com ideias humanitárias. Contudo, a prisão com trabalho, que poderia fugir ao mau prognóstico das demais, era de difícil implementação, pela inexistência de estabelecimentos que servissem a este fim; as exceções eram São Paulo e Rio de Janeiro, sede da Corte, onde havia a Casa de Correção.

A profusão de leis esparsas em matéria penal e processual penal[222], provocaram a necessidade de uma reforma ampla da

---

[222] BRASIL. Actos do Poder Legislativo. Lei 261 de 3 de dezembro de 1841 (Reformando o Código de Processo Criminal); Decreto 562 de 2 de julho de 1850 (Marca os crimes que devem ser processados pelos Juízes Municipais e julgados pelos Juízes de Direito); Lei 581 de 4 de setembro de 1850 (Estabelece medidas para a repressão do tráfico de africanos neste Império); Decreto 609 de 18 de agosto de 1851 (Declara o Tribunal pelo qual devem ser processados e julgados os Arcebispos e Bispos do Império, nas causas que não forem puramente espirituais); Lei de 18 de setembro de 1851 (Determina as penas e o processo para alguns crimes militares). Decreto de 1º de setembro de 1860 (Providencia sobre o processo nos crimes do furto de gado vacum, cavalar e outros). Decreto de 20 de dezembro de 1865 (Regula o modo por que deve ser prestado o depoimento da testemunha, que não puder comparecer ante algum Tribunal militar para ser inquirida em qualquer processo, ou que tenha de ausentar-se antes de instalado o Conselho de investigação, ou de guerra a que deva comparecer, ou que se receie já não exista no tempo em que tenha de ser inquirida; fazendo extensivas as mesmas disposições ao caso, em que, na forma da

legislação, pelo que, em 1890, o Governo Provisório da República aprovou o Código Penal dos Estados Unidos do Brazil.[223]

Devido ao pouco tempo em que foi elaborado, continha impropriedades bastante criticadas ("*o pior de todos os códigos conhecidos*"[224]; "*código impossível*"[225]), principalmente em razão de sua incompatibilidade com o ideário positivista da época[226 227].

---

legislação em vigor, cabe aos réus produzir testemunhas). Lei de 4 de agosto de 1875 (Providencia sobre o processo e julgamento de crimes que forem cometidos em país estrangeiro contra o Brasil e os brasileiros); Decreto de 23 de outubro de 1875 (Dá força de lei no Império a assentos da Casa de Suplicação de Lisboa e competência ao Supremo Tribunal de Justiça para tomar outros). Decreto de 7 de julho de 1883. Providencia sobre o julgamento de vários crimes, derrogados os Decretos nº 562 de 22 de julho de 1850 e 1090 de 1º de setembro de 1860. Decreto nº 774 de 20 de setembro de 1890 Declara abolida a pena de galés, reduz a 30 anos as penas perpétuas, manda computar a prisão preventiva na execução e estabelece a prescrição das penas. **Coleção das Leis do Imperio do Brazil. Rio de Janeiro: Typographia Nacional/Imprensa Nacional. [s.d.].** Disponível em https://www2.camara.leg.br/atividade-legislativa/legislacao/colecao-anual-de-leis. Acesso em 5 ago. 2020

[223] BRASIL. **Decreto nº 847 de 11 de outubro de 1890** (Promulga o Código Penal). Decretos do Governo Provisório da República dos Estados Unidos do Brazil. Coleção das leis da República do Brazil. Rio de Janeiro:Imprensa Nacional. [s.d.]. Disponível em https://www2.camara.leg.br/atividade-legislativa/legislacao/colecao-anual-de-leis

[224] A crítica veio dos positivistas - Tobias Barreto e Viveiros de Castro - que não viram suas ideias acolhidas no diploma, tendo iniciado desde logo um movimento por sua substituição.(SANTOS, Bartira Macedo de Miranda. **As Ideias de Defesa Social no Sistema Penal Brasileiro: entre o garantismo e a repressão (de 1890 a 1940).** Tese de Doutorado. Pontifícia Universidade Católica de São Paulo - PUC/SP, 2010. Disponível em https://repositorio.pucsp.br/jspui/handle/handle/13235. Acesso em 14 jul. 2020)

[225] A crítica foi do Senador Paulo Egídio (1842-1906), do Estado de São Paulo (1894), ao afirmar que o Código é um "*empecilho invencível*" (ASSP, 1902: 155) para uma reforma penal ampla, pois não estava baseado na "*cultura atual da criminologia*" (ASSP, 1902: 224). Chegou à crítica extrema, classificando-o como um "código impossível" (ASSP, 1902: 230) e questionando em que doutrina penal baseava-se o código vigente: "*(...) É uma obra clássica? É uma obra neoclássica? É uma obra positiva? É uma obra metafísica? É uma obra inspirada no lombrosismo, no garofalismo, no ferrismo? (...) Ele não tem sistema. (...)*" (ASSP, 1905: 511) (ALVAREZ, Marcos César; SALLA, Fernando; e SOUZA, Luís Antônio F.. A

No entanto, como instrumento de controle do crime, a nova legislação será considerada ineficaz pelos médicos, bacharéis e juristas envolvidos com as questões criminais. Estes setores das elites, inspirados na Criminologia de inspiração lombrosiana, fomentavam concepções restritivas ao exercício dos direitos dos cidadãos. Essas concepções, genericamente conhecidas como "positivistas", seriam instrumentalizadas no Brasil por essas elites interessadas em implantar e justificar mecanismos de repressão e do controle ao crime e de cerceamento dos indivíduos à participação política. Ao longo da chamada Primeira República, o Código de 1890 foi alvo sistemático de duras críticas, mas, curiosamente, não foi alterado. Se, por um lado, as tentativas de reforma do Código ao longo da Primeira República não obtiveram sucesso, por outro a disseminação das ideias da Criminologia acabaram por influenciar poderosamente a

---

sociedade e a lei: o Código Penal de 1890 e as novas tendências penais na Primeira República. **Justiça e História**, v. 3, n.6. Porto Alegre:TJRS, 2003, p. 6. Disponível em https://nev.prp.usp.br/publicacao/a-sociedade-e-a-lei-o-cdigo-penal-de-1890-e-as-novas-tendncias-penais-na-primeira-repblica/ Acesso em 10 jul. 2020)

[226] O novo regime republicano não conseguiu implantar uma sociedade democrática. As elites defendiam concepções restritivas ao exercício da cidadania, não só para restringir a participação política de determinandos grupos, mas, também, para permitir a implantação de instrumentos de repressão e controle do crime, como legislação, polícia, prisões, manicômios e outras instituições de internação. (*Ibidem*, p. 3-4)

[227] *"Adotava-se como linha de princípio que a criminalidade não poderia ser esbatida através de medidas penais de extrema severidade. [...] E reconhece a ineficácia da pena que perdia a força de intimidação apregoada pela Escola Clássica: 'a penalidade torna-se mais forte e a criminalidade cresce em proporção ainda maior', dizia ele, admitindo ser 'tempo de mudar de rumo.' [...] A ampla discussão doutrinária em torno dos postulados e do confronto das escolas Clássica e Positiva estimulava os movimentos de reforma do Código Republicano."* (DOTTI, René Ariel. **Bases alternativas para o sistema de penas**, São Paulo:Revista dos Tribunais, 1998, p. 58)

concepção das políticas públicas voltadas para a área da segurança, direcionando a criação ou a reforma, bem como o funcionamento de instituições como a polícia, as prisões, os manicômios e outras instituições de internação.[228]

Embora tenha tido o mérito de abolir definitivamente as penas infamantes e de consagrar o princípio da generalidade da lei penal, já nasceu incapaz de solucionar os desafios apresentados pelas questões políticas e sociais da transição da monarquia para a república: escravidão, imigração, mendicância, vadiagem e capoeira. A sociedade esperava que a legislação consagrasse os valores da República e suprisse suas necessidades de controle social, principalmente em relação ao crescimento demográfico e o trabalho, que deixava de ser escravo para ser assalariado.

As críticas partiam de juristas, bacharéis e médicos "positivistas", integrantes de uma elite sócio-política interessada em intensificar mecanismos de restrição à participação política dos indivíduos das classes trabalhadoras, compostas também por ex-escravos e imigrantes; e repressão e controle à criminalidade que crescia diante dos conflitos sociais. Influenciaram decisivamente as políticas públicas de segurança (prisões, manicômios e instituições disciplinares). [229] [230]

---

[228] ALVAREZ, Marcos César; SALLA, Fernando; e SOUZA, Luís Antônio F.. *Op. cit.* p. 3-4

[229] Trata-se de uma corrente filosófica associada ao francês Auguste Comte (1798-1857), no contexto de uma França pós-revolução e Inglaterra em plena Revolução Industrial, com as crises decorrentes, respectivamente, da desordem político-social e uma explosão demográfica e urbanização desordenada. A ideia central era que o avanço científico deveria aliar-se ao avanço moral, para o progresso social, o que seria alcançado por meio da ordem e da disciplina.
Para a legitimação de seu movimento, na Primeira República (1889-1930), os militares utilizaram diversas referências positivistas, sendo a mais emblemática a inscrição "Ordem e Progresso" estampada no centro da bandeira brasileira, inspirada

O primeiro Código Criminal da República adotou os princípios da universalidade da lei penal e da personalidade da pena, proibiu as penas infamantes e aboliu definitivamente a pena de morte, como estabeleceria a Carta promulgada quatro meses depois. Antes de sua vigência, porém, o Decreto 774 de 20 de setembro de 1890 já havia extinguido a pena de galés, fixado em 30 anos a duração máxima da pena restritiva de liberdade individual (*artigo 44*) e determinado a detração (*artigo 60*).

Classificadas em principais, mais severas; e acessórias, mais brandas, a privação de liberdade já havia sido consagrada como centro do sistema penal - reclusão, prisão celular, prisão com trabalho obrigatório, prisão disciplinar, o banimento – além da interdição, suspensão e perda de serviço público e multa, fixada em dias. No entanto, a despeito de ser uma instituição relativamente recente, nesta época, a vida no cárcere e os excessos da prisão já eram criticados.

O Código Penal de 1890 oscilava entre duas finalidades: a retribuição do mal causado pelo crime; e a reforma do condenado e menores, mendigos, ébrios, vadios e capoeiras. No Livro III, percebe-se a preocupação relativas a estes comportamentos (artigo 391 a 404), com penas que incluíam prisão celular em colônias penais que seriam estabelecidas em ilhas marítimas.

---

em "O amor por princípio e a ordem por base; o progresso por fim" e "O progresso é o desenvolvimento da ordem" de Comte.

No Direito, influenciou os estudos penitenciários de Jeremy Bentham.

[230] Aurelino Leal dedicou várias críticas à nova legislação: a manutenção do júri, a prescrição dos crimes, a fiança, a divisão da ação penal em pública e privada, a anistia, a graça, o perdão do ofendido, o livramento condicional, a impunidade do mandante, a reincidência e as nulidades processuais (LEAL, Aurelino, Germens do Crime, Bahia:José Luiz da Fonseca Magalhães, 1896 *apud* ALVAREZ, Marcos César; SALLA, Fernando; e SOUZA, Luís Antônio F. . A Sociedade e a Lei: o Código Penal de 1890 e as novas tendências penais na Primeira República. In: **Justiça e História, v. 3**, n. 6, Porto Alegre, 2003. Disponível em https://nev.prp.usp.br/wp-content/uploads/2015/01/down113.pdf. Acesso em 10 set. 2020

6.2.1 Penas privativas e restritivas de liberdade

A pena de prisão celular, cuja duração podia variar entre 5 dias e 30 anos, foi a grande inovação da reforma penal de 1890, sendo prevista para um extenso rol de crimes. Era cumprida em estabelecimentos especiais, que poderiam ser estabelecidos também em ilhas marítimas, com trabalho obrigatório e isolamento celular, pela quinta parte do tempo, nas penas de até um ano; e pela quarta parte do tempo, nas penas de duração superior a um e de até dois anos. Nas penas de duração superior a dois anos, o trabalho era comum, em silêncio, com segregação noturna (*artigo 45*).

Em penas superiores a seis anos, após o cumprimento da metade do tempo e mediante bom comportamento, o preso poderia ser transferido para uma penitenciária agrícola (*artigo 50*), regra que remete à atual progressão de regime. No entanto, se não mantivesse o bom comportamento, a concessão era revogada e ele retornava ao estabelecimento de origem (*§ 1º*). Se o bom comportamento fosse mantido, levando à presunção de sua regeneração, podia obter livramento condicional, desde que ainda restassem pelo menos dois anos a cumprir (*§ 2º*).

O livramento condicional deveria ser concedido por ato do poder federal ou estadual, de acordo com sua respectiva competência, a partir de proposta, minuciosamente justificada, do chefe do estabelecimento penitenciário (*artigo 51*). No entanto, ele só viria a ser regulamentado e aplicado dali a mais de duas décadas.

Juntamente com esta modalidade de encarceramento, o novo Código estabelecia ainda outras três penas de uso mais restrito: a reclusão, a prisão com trabalho obrigatório e a prisão disciplinar. Porém, considerando-se as inúmeras dificuldades de implantação de um sistema penitenciário, previu-se a execução da pena de prisão celular como prisão com trabalho e, na sua impossibilidade, como prisão simples, pelo tempo da condenação, aumentado em um sexto (*artigo*

409, caput). Podiam, ainda, ser cumpridas em local designado pelo juiz, quando não houvesse "casas de prisão", no local do crime ou do domicílio do condenado (*artigo 409, § 1º*).

Aplicava-se a um rol bastante variado de crimes, como nos crimes contra a independência, integridade e dignidade da pátria (*artigo 87 a 106*), nos crimes contra a liberdade de trabalho (*artigo 204 a 206*), na violência carnal (*artigos 266 a 268*), na calúnia e injúria (*artigos 316, 319 e 320*), no jogo e aposta (*artigos 369, 371 a 374*), e, como não poderia deixar de ser, aos vadios e capoeiras (*artigos 399, 400, 402 e 403*).

De acordo com o artigo 47 do Código Criminal Republicano, a pena de reclusão deveria ser cumprida "*em fortalezas, praças de guerra, ou estabelecimentos militares*", aplicando-se aos crimes contra a Constituição Política da República, o funcionamento de seus poderes (*artigos 107 e 108*) e o livre exercício dos poderes políticos (*artigos 109 e 111*), além do crime de conspiração (*artigo 115*).

A pena de prisão com trabalho devia ser cumprida "*em penitenciárias agrícolas para esse fim destinadas, ou em presídios militares*" (*artigo 48*) e era prevista para poucas condutas, dentre elas a de "*mendigar, fingindo enfermidade*" (*artigo 393*).

A prisão disciplinar devia ser cumprida em estabelecimentos industriais especiais, onde eram recolhidos os menores, especialmente aqueles entre 14 e 21 anos, considerados vadios (*artigo 399*).

A pena de banimento privava o condenado de sua cidadania, bem como do direito de residir em território nacional, pelo tempo estabelecido na sentença. Em caso de descumprimento desta restrição, o infrator seria condenado à reclusão de até 30 anos, se antes não tivesse readquirido seus direitos de cidadão (*artigo 46*). Tratava-se de uma pena cabível àqueles que tentassem, diretamente ou por fatos, mudar por meios violentos a Constituição Política da República ou a forma de governo estabelecida (*artigo 107*).

No crime de vadios e capoeiras (*artigo 399*), o condenado obrigava-se, por termo de compromisso, a obter ocupação no prazo de 15 dias, após o cumprimento da pena, para não caracterizar reincidência, quando, então, era recolhido a colônias penais, instaladas até em ilhas marítimas, pelo prazo de um a três anos; ou deportado, se estrangeiro.

6.2.2 Penas restritivas de direitos

Nas penas superiores a seis anos, o condenado podia sofrer interdição, cujos efeitos eram a suspensão de todos os direitos políticos; a perda de todo cargo eletivo, temporário ou vitalício, emprego público federal ou estadual, e de seus vencimentos e vantagens; perda de todas as dignidades, condecorações e distinções honoríficas; ou a perda de múnus público. Nas raras hipóteses em que a pena corporal fosse aplicada, a privação do exercício de arte ou profissão era executada posteriormente.

No crime de lenocínio praticado por ascendente ou marido; tutor, curador ou pessoa encarregada da guarda e educação de incapaz (*artigo 277, parágrafo único*), a pena era a prisão celular, por dois a quatro anos, e interdição na qual incorriam seus autores. Além dessas sanções, os pais perdiam todos os direitos sobre a pessoa e bens do descendente; o tutor ou curador eram destituídos do encargo; e o guardião era privado do direito de ensinar, dirigir ou participar de qualquer estabelecimento de ensino.

A suspensão impedia que o condenado mantivesse todo e qualquer emprego pelo período determinado, exceto os cargos obtidos por eleição popular (*artigo 57*), já a perda acarretava a privação de todo e qualquer emprego e suas vantagens (*artigo 56*), aplicáveis aos crimes relacionados com o exercício de atividade profissional (Ex. *artigos 225 a 227, 228, 230 a 236*).

A pena de privação de direitos políticos aplicava-se aos crimes eleitorais, como deixar a mesa eleitoral de receber o voto do eleitor que se apresentar com o respectivo título (*artigo 175*); ou fazer parte, ou concorrer para a formação, de mesa eleitoral ou de junta apuradora ilegítima (*artigo 177*).

6.2.3 Penas pecuniárias

No regime do Código Penal de 1890, com o desenvolvimento do capitalismo e os primeiros sinais da falibilidade da pena privativa de liberdade, a pena de multa não só se manteve, mas adquiriu prestígio, como sanção penal.

Conservando o sistema adotado pela legislação anterior, podia ser estipulada em valor fixo ou em percentual sobre o produto econômico do crime (ex. *artigo 232*). Na hipótese de inadimplência, fosse porque o condenado não dispusesse de meios para pagar a multa, não o fizesse no prazo de oito dias a partir da intimação, ninguém a satisfizesse em seu lugar ou não fosse prestada fiança idônea, a multa deveria ser convertida em prisão celular (*artigo 59*).

Aplicava-se a diversos crimes, como contra a saúde pública (*artigos 159 e 160*); lenocínio (*artigo 278*); duelo (*artigo 307, 308, 311, 312 e 314*); furto (*artigo 330 a 333*); violação dos direitos de marcas de fábricas e de comércio (*artigo 353 e 355*); e, incoerentemente, a mendigos e ébrios (*artigo 398*).

A pena de reparação de dano era aplicável aos crimes de falta de exação no cumprimento do dever (*artigo 211*); estupro e rapto (*artigo 276*); e dano às coisas públicas (*artigo 389*).

A apreensão e perda de bens e valores era a pena aplicável a crimes como moeda falsa (*artigo 239 a 242*), falsidade dos títulos e papeis de crédito do Governo Federal, dos Estados e dos bancos (*artigo*

245); jogo e aposta (*artigo 369*); e uso ilegal da arte tipográfica (*artigo 384 e 385*).

6.3   Código Penal de 1940

Apesar das inúmeras críticas sofridas, não tiveram muito sucesso as ideias de reforma do Código Penal de 1890, que seguiu por toda a Primeira República (1889-1930), sendo acrescido e alterado por diversas leis, com o propósito de mitigar suas imperfeições e adaptá-lo às necessidades que iam surgindo. Este conjunto de leis esparsas foi compilado na Consolidação das Leis Penais ou Código [Vicente] Piragibe (*Decreto 22.213 de 14 de dezembro de 1932*), composta por quatro livros e 410 artigos.[231]

Na vigência do Estado Novo (1937-1945), o Ministro Francisco Campos fez elaborar, pelo jurista paulista José de Alcântara Machado, um projeto, concluído em 1938, sob a inspiração do Código Penal Italiano (*Codice Rocco*, 1930), que defendia a reafirmação do Direito Penal para a defesa do Estado, diante das muitas forças difusas do mundo moderno.[232] Recomendava a autonomia entre as funções de aplicação e da execução da pena, que poderia ser regulada por um Direito Administrativo da Execução.

Apesar de ter tido origem em um período ditatorial, este projeto foi submetido a uma comissão integrada por acadêmicos de notório saber e inteirados das novas correntes político-criminais. Todavia, pelas críticas recebidas, teve que ser refeito, terminando por buscar

---

[231] BRASIL. **Decreto nº 22.213 de 14 de dezembro de 1932**. Aprova a Consolidação as Leis Penais, da autoria do Sr. Desembargador Vicente Piragibe. Disponível em < http://www.planalto.gov.br/ccivil_03/decreto/1930-1949/D22213.htm> Acesso em 13 jul. 2020

[232] MACHADO, Alcântara. **Projeto do Código Criminal Brasileiro**. São Paulo: Revista dos Tribunais, 1938, p. 10

referências no Código Penal Suíço (1937)[233], de feição mais liberal, e sendo reapresentado em 1940.

Incorporou, basicamente, os conceitos de um direito punitivo democrático e liberal, mas desprezou os aportes criminológicos, que ainda não desfrutavam de prestígio naqueles dias, haja vista o tratamento dado à culpabilidade, que, em determinados aspectos – erro, doença mental, distúrbio de consciência, embriaguez, paixão e emoção – consagravam a responsabilidade objetiva.

A Consolidação das Leis Penais (1932) não distinguia entre penas principais e acessórias, dispensando o mesmo tratamento à interdição, à suspensão e à perda do emprego público, com ou sem inabilitação para o exercício de outro, que às penas privativas de liberdade e pecuniárias (*artigos 43 e 55 a 57*)[234], em sua parte geral.

Diferentemente, o Código Penal de 1940 estabeleceu sanções principais (*artigo 28*) e acessórias (*artigo 67*), cuja diferença era apenas relativa à natureza e importância atribuída a cada uma pelo sistema legal. Adotou o sistema dualista: pena (*artigos 28 a 41*), para os fatos comuns, apreciados sob a ótica da culpa; e medida de segurança (*artigos 75 a 101*), que consistia em decisão administrativa, para proteger a sociedade dos indivíduos, que, por sua condição, representassem perigo.

Consagrou definitivamente a pena privativa de liberdade como a sanção penal principal, da qual previu como espécies a reclusão e detenção (*artigos 29 a 34*); o sistema progressivo para o cumprimento da pena privativa de liberdade; a suspensão condicional da pena e o livramento condicional. Além das primeiras, previu, também, entre as sanções principais, a pecuniária (*artigos 35 a 41*).

---

[233] SUIÇA. **Code Pénal Suisse du 21 décembre 1937.** Disponível em ttps://www.fedlex.admin.ch/eli/cc/54/757_781_799/fr. Acesso em 6 jul. 2021
[234] LYRA, Roberto. *Op.cit.*, p.72

Relativamente à medida de segurança, foi adotado o sistema de duplo binário – penas e diversas espécies de medida de segurança para condenados perigosos – consagrando o dualismo culpabilidade/pena e periculosidade/medida de segurança. Para a aplicação desta, exigia a prática de fato definido em lei como crime, por agente perigoso, imputável ou não (*artigo 76*). Em algumas hipóteses, a periculosidade era presumida, ainda que não houvesse a prática de crime, quando se impunha a aplicação obrigatória da medida de segurança (*artigos 77 e 78*). Era de se concluir, portanto, que sua finalidade preventiva consistia em isolar e tratar os criminosos potencialmente perigosos, ligando-se muito mais à sua pessoa do que ao fato em si.

As medidas de segurança podiam ser patrimoniais - interdição de estabelecimento ou de sede de sociedade ou associação e confisco. De outro lado, as medidas de segurança pessoais podiam ser detentivas: internação em manicômio judiciário, casa de custódia e tratamento ou em colônia agrícola ou instituto de trabalho, de reeducação ou de ensino profissional (*artigo 88, § 1º*); ou não detentivas: liberdade vigiada, proibição de frequentar determinados lugares e exílio local (*artigo 88, § 2º*).

6.3.1 Penas privativas de liberdade

Preservando sua função de prevenção geral, graças a seu poder intimidativo, as penas privativas de liberdade incidem sobre o criminoso, mediante sua segregação, atingindo, com isto, a prevenção especial, para fins de reeducação ou ressocialização. Acreditava-se que a segregação facilitaria o processo de adaptação da personalidade do condenado às exigências da vida em sociedade e sob as regras do

Direito.[235] Contudo, já há setenta anos, havia vozes discordantes do que parecia ser o senso comum.

> Mas, não se integrará totalmente nas vantagens históricas de seu advento, enquanto desfalcar a sociedade de fatores de trabalho e dissolver a família; enquanto persistirem as prevenções contra os egressos e as demais dificuldades da readaptação; enquanto se der mais importância à pena do que ao delito e, sobretudo, ao criminoso; enquanto desmoralizar e corromper pela promiscuidade carcerária; enquanto onerar o Estado.[236]

Entre as penas principais, havia a privação de liberdade, dividida entre reclusão e detenção, para os crimes; e a pecuniária - multa. As duas primeiras distinguiam-se, porque a primeira, mais grave, não admitia a suspensão condicional (*sursis*) e comportava, no período inicial, isolamento diurno e remoção para colônia; não admitia curta duração; o trabalho não era opcional; e implicava em penas acessórias e medidas de segurança mais importantes e frequentes.

A reclusão era a mais rigorosa de todas as sanções penais, não só por relacionar-se aos crimes de maior gravidade, como também por trazer maiores consequências e ter as mais severas condições de execução. Nela, a princípio, não era admitida a suspensão condicional, qualquer que fosse sua duração, exceto na hipótese de condenação de menor de 21 anos a uma pena de até dois anos (*artigo 30, § 3º*). Era executada no sistema progressivo, em estabelecimento penitenciário ou em seção especial da prisão comum (*artigo 29,* caput), e, a exemplo do sistema irlandês, cumprida em quatro fases distintas.

---

[235] BRUNO, Aníbal. **Direito Penal**, Parte Geral, Tomo III, Rio de Janeiro:Forense, 1978, p. 59
[236] LYRA, Roberto. *Op.cit*, p. 82

Na primeira, que não podia exceder três meses, o condenado era submetido a isolamento diurno e noturno. Em seguida, passava ao trabalho coletivo intramuros ou extramuros, em obras e serviços públicos, de caráter obrigatório e remunerado (*artigo 30, § 1º*). Para as mulheres, o trabalho era sempre interno (*artigo 29, § 2º*). Na terceira fase, o recluso de bom comportamento podia ser transferido para colônia penal ou similar, após ter cumprido a metade da pena de até três anos (*artigo 30, § 2º, I*) ou um terço, se superior (*artigo 30, § 2º, II*). A decisão ficava a cargo da administração penitenciária. Finalmente, passava à liberdade condicional, considerada "*a última etapa de um gradativo processo de reforma do criminoso.*"[237]

A detenção era cumprida separadamente. Como pena menos rigorosa que a reclusão, compreendia três fases, excluído o isolamento diurno e noturno (*artigo 31,* caput). Aqui, o trabalho podia ser escolhido pelo preso, de acordo com suas aptidões e experiência anterior (*artigo 31, parágrafo único*), sendo visto como importante instrumento da ressocialização do condenado.[238] De menor duração, admitia a sua suspensão condicional, desde que tivesse duração inferior a dois anos.

A prisão simples era aplicada exclusivamente às contravenções penais, que dispunham de regulamentação própria (*Decreto-lei 3.688/1941, artigo 6º*). Era executada sem o rigor penitenciário, dispensando-se o isolamento noturno e podendo ser cumprida em estabelecimento especial ou em seção especial de prisão comum.

6.3.2 Pena pecuniária

[237] BRASIL. **Exposição de Motivos do Decreto-Lei nº 2.848, de 7 de dezembro de 1940**, n.31. Disponível em https://www2.camara.leg.br/legin/fed/declei/1940-1949/decreto-lei-2848-7-dezembro-1940-412868-exposicaodemotivos. Acesso em 26 ago. 2020
[238] BRUNO, Aníbal. *Op.cit.*, 1978, p. 83

Pena pecuniária, no Direito Brasileiro, é a multa: pagamento de quantia estabelecida na sentença, por meio do selo penitenciário, em valor fixo em moeda corrente, com limites mínimo e máximo, calculado não só de acordo com a gravidade do fato e a culpabilidade do agente, mas também com a situação econômica do condenado[239], limitado a 100 milhões (contos) de réis (artigo 55). Na hipótese em que o valor ultrapassasse a quantia de 500 mil réis, poderia ser pago em quotas mensais, por até um ano e seis meses (*artigo 36, parágrafo único*).[240]

Em relação às demais penas, a multa apresenta algumas vantagens: é reparável, fracionável, graduável, simples, fácil e imediata, permitindo proporcionalidade às consequências do crime e às condições pessoais do criminoso; evita os inconvenientes do encarceramento; tem eficácia preventiva em relação aos crimes de menor potencial ofensivo; é revogável[241]; além de evitar despesa para o Estado, gera uma receita e facilita a reparação do dano; não cria transtornos econômicos; não abate o condenado moralmente; e tem especial eficácia em crimes, cuja finalidade seja o lucro.[242]

---

[239] *Ibidem*, p. 86-87

[240] O Alvará de 1 de setembro de 1808 instituiu o Real ®, equivalente a 2000 ou 1/8 de ouro 22K. A Lei 59 de 8 de outubro de 1.833 instituiu o Mil-réis, com equivalência de R$ 2$500 igual a 1/8 de ouro de 22K. Foi a moeda vigente no Brasil, com divisão em 1,00, até 31 de outubro de 1942, quando foi substituída pelo cruzeiro, que valia R$ 1.000 (mil réis). Em que pesem as dificuldades de efetuar uma conversão de valores de uma moeda, que sofreu tantas mudanças e desvalorizações, estima-se que este valor, hoje, seria de aproximadamente de R$ 28.800,00 (vinte e oito mil e oitocentos reais). (SANTA CATARINA. Poder Judiciário. Corregedoria Geral da Justiça. Assessoria de Custas. **Histórico das Alterações da Moeda Nacional.** Disponível em https://www.tjsc.jus.br/documents/728949/1224441/Hist%C3%B3rico+das+altera%C3%A7%C3%B5es+da+moeda+nacional/df4b12ce-b416-453a-8809-49d5c0f20fa7 Acesso em 23 ago. 2021)

[241] Decreto-lei nº 2.848/1940 (Código Penal), artigo 38

[242] LYRA, Roberto. *Op.cit*, p. 83

No entanto, jamais foi imune a críticas: seu efeito intimidativo recaía apenas sobre os pobres, que, em casos de reincidência e inadimplência, tinham a multa convertida em detenção (*artigo 38*). Para evitar que fosse excessivamente onerosa, para os mais pobres, e ineficaz, para os mais ricos, era decretada cumulativa ou alternativamente à pena privativa de liberdade. Era cominada isoladamente apenas nas contravenções penais; e em outras leis especiais, como no artigo 66 da Lei 4.591/1964; e no artigo 77 da Lei 8.078/1990.

Na maior parte dos casos, a pena de multa era prevista cumulativamente com a pena privativa de liberdade, principalmente em crimes patrimoniais e contra a fé e administração públicas.[243] Em outras hipóteses, podia ser cominada alternativamente, como nos crimes contra a pessoa, patrimônio, paz pública, fé pública e administração pública.

6.3.3 Penas acessórias

As penas acessórias tinham esta denominação por serem aplicadas cumulativamente com as penas principais. Consistiam na perda de função pública, eletiva ou de nomeação, nas interdições de direitos – temporária ou permanente - ou na publicação da sentença (*artigo 67*). Apresentavam finalidade predominantemente preventiva, resultantes da natureza e características do crime cometido ou do grau da pena principal cominada. Em razão desta peculiaridade, houve quem defendesse sua transformação em medidas de segurança.[244]

---

[243] A Lei 7.209 de 11 de julho de 1984 reformulou apenas a Parte Geral do Código Penal (artigos 1° a 120), permanecendo em vigor, até o momento, quanto às disposições da Parte Especial.
[244] *"Daí alguns autores terem sugerido para essa espécie de penas a categoria de medidas de segurança, e para essa classificação é que elas parecem encaminhar-se.*

As interdições representavam restrições ao exercício de determinados direitos por parte do condenado e consistiam na incapacidade temporária para investidura em função pública; na incapacidade para o exercício da autoridade marital ou do pátrio poder; na incapacidade para o exercício de tutela ou curatela; na incapacidade temporária para profissão ou atividade cujo exercício dependesse de habilitação especial ou de licença ou autorização do poder público; e na suspensão dos direitos políticos.

Com o advento da Lei 7.209 de 11 de julho de 1984, algumas delas se transformaram em penas restritivas de direitos, de caráter autônomo, como as interdições de direitos, cujos efeitos eram temporários; e outras, em efeitos da condenação, com caráter permanente.

6.4 Código Penal de 1969

Em 1962, com o Decreto 1.490, do Conselho de Ministros, foi determinada a elaboração de um anteprojeto de Código Penal, Lei das Contravenções Penais, Código de Processo Penal, e Código das Execuções Penais (*artigo 1°, 1 a 3*)[245]. Transformou-se no Código Penal

---

Em muitas delas esse caráter é evidente. O que as justifica é uma perigosidade criminal específica do réu, que a lei presume, em face do seu crime, para afastá-lo de uma situação em que ele poderá vir novamente a delinquir." (BRUNO, Aníbal. *Op.cit.*, p. 78).
[245] BRASIL. **Decreto do Conselho de Ministros n° 1.490 de 8 de novembro de 1962**. Altera e unifica os Decretos números 50.924, de 6 de julho de 1961, 51.005, de 20 de julho de 1961, e 917, de 26 de abril de 1962, que dispõe sobre a Comissão de Estudos Legislativos do Ministério da Justiça e Negócios Interiores. Disponível em http://www2.camara.leg.br/legin/fed/decmin/1960-1969/decretodoconselhodeministros-1490-8-novembro-1962-352031-publicacaooriginal-1-pe.html. Acesso em 1 nov. 2020

de 1969 (Decreto-Lei 1.004 de 21 de outubro de 1969[246], que seria conhecido como Código Hungria.

Destacamos aspectos interessantes como a punição pela tentativa com possibilidade de aplicação da pena do crime consumado (*artigo 14*); a redefinição da culpa em sentido estrito (*artigo 17, II*); a dupla natureza da excludente do estado de necessidade (culpabilidade ou antijuridicidade) (*artigos 25 e 28*); possibilidade de imputabilidade penal aos 16 anos (*artigo 33*); isolamento noturno obrigatório (*artigo 37, § 3º*); detenção (*artigo 38*) e multa (*artigo 46*) substitutivas; cumprimento de pena privativa de liberdade em estabelecimentos abertos (*artigo 40*); mérito como circunstância atenuante (*artigo 58, II*).[247]

Foi alterado pela Lei 6.016 de 31 de dezembro de 1973), cuja vigência foi prorrogada várias vezes, durante dez anos, sendo ao final revogado pela Lei 6.578 de 10 de outubro de 1978, sem jamais ter vigorado.

6.5 Reforma Penal de 1977

Após o insucesso em sua reforma, o Código Penal de 1940 sofreu mais alterações com a Lei 6.416/77 não só na legislação penal, mas também no Código de Processo Penal e na Lei das Contravenções Penais.

---

[246] BRASIL. **Decreto-Lei 1.004 de 21 de outubro de 1969**. Código Penal. D.O.U. de 21.10.1969. Disponível em http://www2.camara.leg.br/legin/fed/declei/1960-1969/decreto-lei-1004-21-outubro-1969-351762-publicacaooriginal-1-pe.html. Acesso em 1 nov. 2020
[247] RANGEL, Leyla Castello Branco. Quadro comparativo do Código Penal de 1940 e 1969. **Revista de Informação Legislativa**, v. 6, n. 24, p. 171-425, out./dez. 1969. Disponível em http://www2.senado.leg.br/bdsf/handle/id/224149. Acesso em 23 mar. 2020

A nova lei estabeleceu a prisão especial para mulheres e novas regras para os regimes de cumprimento da pena privativa de liberdade; a remuneração do trabalho do preso; e disposições sobre a suspensão condicional da pena (*sursis*) e o livramento condicional, entre outras alterações.

6.6 Reforma Penal de 1984[248]

A discussão sobre a necessidade de mais mudanças no sistema penal brasileiro iniciou-se já na década de 1960, quando a criminalidade e violência urbanas transformaram-se em questão pública de gravidade alarmante.[249] [250]

No início da década de 1980, o custo social do "milagre econômico" se fazia sentir pelo aumento dos índices crescentes de criminalidade e da ineficácia da pena de prisão como instrumento de controle. Pode ser apontada, entre outras causas, o aumento da concentração de renda e, consequentemente, da pobreza, enquanto a Polícia e o sistema penitenciário traziam consigo os resquícios de um sistema altamente repressor.

---

[248] BRASIL. **Lei 7.209 de 11 de julho de 1984**. Altera dispositivos do Decreto-Lei 2.848 de 7 de dezembro de 1940 – Código Penal, e dá outras providências. Disponível em <http://www.camara.gov.br/internet/InfDoc/novoconteudo/legislacao/republica/LeisO cerizadas/Leis1984v5.pdf>. Acesso em 22 mar. 2020

[249] Entre 1950 e 1960, a taxa de encarceramento aumentou de 17,2 para 30,3 presos por 100.000 habitantes.

[250] BRASIL. Senado Federal. **Relatório da Comissão Parlamentar de Inquérito criada pela Resolução do Senado Federal nº 1, de 1980 destinada a examinar a violência urbana, suas causas e consequências**, Relator: Senador Murilo Badaró, p. 55 e ss. Disponível em http://www.senado.gov.br/atividade/materia/getPDF.asp?t=66908&tp=1. Acesso em 20 jun. 2021

Buscando uma ampla reformulação do sistema penal brasileiro, em 1980, foi instituída uma comissão de juristas, para a elaboração de um anteprojeto de reforma da Parte Geral do Código Penal de 1940, justificando que

> Apesar desses inegáveis aperfeiçoamentos, a legislação penal continua inadequada às exigências da sociedade brasileira. A pressão dos índices de criminalidade e suas novas espécies, a constância da medida repressiva como resposta básica ao delito, a rejeição social dos apenados e seus reflexos no incremento da reincidência, a sofisticação tecnológica, que altera a fisionomia da criminalidade contemporânea, são fatores que exigem o aprimoramento dos instrumentos jurídicos de contenção do crime, ainda os mesmos concebidos pelos juristas na primeira metade do século.[251]

Já era consenso que uma política criminal que visasse a proteção da sociedade deveria restringir o emprego da pena privativa de liberdade a situações extremas, de evidente necessidade, para evitar os efeitos perniciosos do encarceramento.

> 27. As críticas que em todos os países se tem feito à pena privativa de liberdade fundamentam-se em fatos de crescente importância social, tais como o tipo de tratamento penal frequentemente inadequado e quase sempre pernicioso, a inutilidade dos métodos até agora empregados no tratamento de delinquentes habituais e multirreincidentes, os elevados custos de construção e manutenção dos estabelecimentos penais, as consequências maléficas para os infratores primários, ocasionais ou

---

[251] BRASIL. **Lei 7.209 de 11 de julho de 1984. Exposição de Motivos da Nova Parte Geral do Código Penal**.

responsáveis por delitos de pequena significação, sujeitos, na intimidade do cárcere, a sevícias, corrupção e perda paulatina da aptidão para o trabalho.[252]

No sistema jurídico penal, os processos de redemocratização do país conduziram não só à reforma da Parte Geral do Código Penal de 1940 (*Lei 7.209/1984*), mas também à elaboração de uma Lei de Execução Penal (*Lei 7.210/1984*), incorporando uma série de preceitos mais condizentes com o sistema penal de um Estado Democrático de Direito e tentando se desfazer de uma herança autoritária, que ainda provocava interferências na agenda de proteção dos direitos humanos e garantias individuais.

Para a Reforma, ao elenco variado de crimes, deveria corresponder maior diversidade de sanções, principalmente evitando as privativas de liberdade. Neste propósito, transformou as penas acessórias em penas restritivas de direitos - prestação de serviços à comunidade, interdição temporária de direitos e limitação de fim de semana – substitutivas das penas privativas de liberdade.

Manteve a progressividade das penas privativas de liberdade: reclusão (*artigo 32*) a serem cumprida em regime fechado, semiaberto e aberto; e detenção, nestes dois últimos (*artigo 33*).

Em relação às medidas de segurança, aboliu o sistema do duplo binário, adotando o sistema vicariante, pelo qual a medida de segurança ficou reservada aos inimputáveis e, eventualmente, aos semi imputáveis, quando viesse a substituir pena privativa de liberdade (*artigo 97*). Suas espécies eram a internação em hospital de custódia e tratamento psiquiátrico ou, à sua falta, em outro estabelecimento adequado; e tratamento ambulatorial (*artigo 96*).

---

[252] *Ibidem.*

6.6.1 Pena pecuniária

Evitando os inconvenientes do encarceramento e proporcionando uma receita, em lugar de uma despesa para o Estado, a pena de multa, ou pecuniária, tem natureza jurídica de sanção penal, não se confundindo com as multas de caráter administrativo[253]. Por este motivo pode ser cominada sem prejuízo destas, ou seja, sem que por isto incorra-se em *bis in idem*, já que há independência entre as instâncias penal, civil e administrativa.

Nos crimes previstos no Código Penal, a pena de multa permanece sendo prevista cumulativamente ou alternativamente à pena privativa de liberdade, não se registrando hipóteses onde seja cominada isoladamente.

Resta, ainda, a possibilidade de ser imposta como pena substitutiva, isoladamente, independentemente de cominação na Parte Especial, quando for aplicada pena privativa de liberdade menor ou igual a seis meses e o condenado preencher os requisitos legais dos artigos 44, II e III (*Código Penal, artigo 60, § 2º*).[254] [255] Pode ser alternativa, se a pena de liberdade for maior que seis meses e menor que

---

[253] BRASIL. **Lei 4.595 de 31 de dezembro de 1964**. Dispõe sobre a Política e as Instituições Monetárias, Bancárias e Creditícias, cria o Conselho Monetário Nacional e dá outras providências. D.O.U. de 31.01.1965. Disponível em <http://www.planalto.gov.br/ccivil_03/leis/l4595.htm>. Acesso em 17 jul. 2020.

[254] DELMANTO, Celso *et alli*. **Código Penal Comentado**, 7ª ed. rev., atual. e ampl., Rio de Janeiro:Renovar, 2007, p.161-162

[255] *"De fato, a norma específica prevalece sobre a regra geral. Teremos, então, o seguinte quadro de opções para o julgador: a) se a pena privativa de liberdade não ultrapassar seis meses, pode o magistrado substituí-la por uma multa ou por uma restritiva de direitos; b) se ultrapassar seis meses, mas não um ano, o juiz pode substituí-la por uma restritiva de direitos, mas não por multa."* (NUCCI, Guilherme de Souza. **Manual de Direito Penal: Parte Geral e Parte Especial**. 4ª ed. rev. atual. e ampl., São Paulo:Revista dos Tribunais, 2008, p. 423-424)

um ano, quando poderá optar pela pena pecuniária[256] ou pena restritiva de direitos[257] (*Código Penal, artigo 44, § 2°, 1ª parte*); ou cumulativa, se a pena de liberdade for superior a um ano (*Código Penal, artigo 44, § 2°, in fine*).

Na Nova Parte Geral do Código Penal, o critério adotado na disposição do artigo 49 - dias-multa – tem sido aquele preferido pelo legislador brasileiro, desde o Código Criminal do Império[258], não só nos crimes ali previstos, mas, também, na legislação extravagante.[259]

Em sua forma mais tradicional, pode ser estabelecido um valor ou montante total, com limites mínimo e máximo; ou apenas máximo. Seu ponto de partida é a gravidade do crime, estimada com base no prejuízo causado ou o produto auferido, sobre o qual é fixado um valor.[260]

---

[256] A substituição por pena pecuniária é sempre preferível para o réu, pois, em caso de inadimplemento, ela não poderá ser convertida em privação de liberdade, como ocorre com a restritiva de direitos.

[257] BRASIL. **Lei 11.343/2006 de 23 de agosto de 2006**. Institui o Sistema Nacional de Políticas Públicas sobre Drogas - Sisnad; prescreve medidas para prevenção do uso indevido, atenção e reinserção social de usuários e dependentes de drogas; estabelece normas para repressão à produção não autorizada e ao tráfico ilícito de drogas; define crimes e dá outras providências. D.O.U. de 24.08.2006. Disponível em <http://www.planalto.gov.br/ccivil_03/_ato2004-2006/2006/lei/l11343.htm> Acesso em 17 set. 2020.

[258] BRASIL.**Código Criminal de 1830**. Artigo 55. A pena de multa obrigará os réos ao pagamento de uma quantia pecuniaria, que será sempre regulada pelo que os condemnados poderem haver em cada um dia pelos seus bens, empregos, ou industria, quando a Lei especificamente a não designar de outro modo. No mesmo sentido: **Código Penal de 1890**, artigo 58.

[259] São exemplos a Lei 4.737/65, Lei 6.385/76, Lei 6.538/78, Lei 7.492/86, Lei 7.646/87, Lei 8.078/90, Lei 8.137/90, artigos 1º a 7º; Lei 8.176/91; Lei 9.029/95; Lei 9.279/96; Lei 9.434/97; Lei 9.605/98; Lei 9.609/98; Lei 9.613/98; e Lei Complementar 105/2001.

[260] Esta modalidade foi adotada pela legislação brasileira, na Lei 1.521/51, Lei 4.117/62, Lei 4.591/64, Lei 4.595/64, Lei 4.729/65, Lei 4.898/65, Lei 5.741/71, Lei 6.385/76, artigos 27-C e 27-D; Lei 6.766/79; Lei 6.815/80, artigo 125, II a VII, IX, XIV e XVI); Lei 8.137/90, artigo 4º, I a VII, 5º, 6º, 7º, I a IX; Lei 8.245/91; Lei

Há hipóteses em que o legislador se vale apenas da cominação da pena de multa, sem estabelecer critérios para sua fixação, aplicando-se a regra do artigo 35 (*"A pena de multa consiste no pagamento, em selo penitenciário, da quantia fixada na sentença."*).[261] Em outros casos, a multa é fixada proporcionalmente ao prejuízo causado pela conduta do agente (*Lei 6.385/76, artigo 27-C, D e F; Lei 8.245/91, artigo 43*; e *Lei 8.666/93, artigos 89 a 98*).

Na legislação brasileira, o critério predominante tem sido o dia multa, fixado com base na situação econômica do réu (*artigo 60*). O parâmetro de avaliação, embora não explicitado pelo legislador, deve ser sua capacidade econômica e financeira, podendo ser aumentado até o triplo, se mostrar-se incipiente (*artigo 60, § 1º*), através do que ressalta seu caráter retributivo e preventivo especial, sempre em busca de igualdade e proporcionalidade.

A pena pecuniária preserva características positivas da pena privativa de liberdade, eis que, no cálculo do número de dias multa, são consideradas, entre as circunstâncias judiciais, a gravidade do fato e a culpabilidade do condenado, além de efeitos prolongados por determinado período, eis que seu pagamento pode efetuar-se em parcelas (*Código Penal, artigo 50*, caput, in fine).

No entanto, a pena de multa não está imune a críticas, principalmente quanto à sua idoneidade intimidativa, eis que, na maioria dos casos, sobretudo em relação às pessoas jurídicas, a quantia a ser paga pode revelar-se irrisória, mesmo se aplicadas causas de

---

8.429/92; Lei 8.666/93; Lei 9.029/95; Lei 12.259/11, artigo 37; Lei 13.329/15, artigo 5º; Lei 13.431/17, artigo 24; e Lei 13.869/19, artigo 9º a 38);
[261] *V.g.* Decreto-lei 3.688/41; Lei 6.385/76, artigos 27-E; Lei 7.492/86; Lei 8.069/90; Lei 8.078/90; Lei 8.137/90; Lei 8.176/91; Lei 8.666/93; Lei 9.263/96; Lei 9.279/96; Lei 9.503/97; Lei 9.605/98; Lei 9.613/98; Lei 10.300/01; Lei 10.671/03; Lei 10.741/03; Lei 10.826/03; Lei 11.101/05; Lei 11.105/05; Lei 11.343/06; Lei 12.984/14, artigo 1º; e Lei 13.146/15, artigos 88 a 91*)*.

aumento, ressaltando sua desigualdade, a despeito da aparente igualdade formal.[262] Sua seletividade impede a aplicação nas condenações de réus econômica e financeiramente hipossuficientes, condições predominantes na população carcerária dos países subdesenvolvidos ou em vias de desenvolvimento; ou das sociedades afetadas por recessões econômicas. Além disto, destitui-se de uma de suas principais finalidades: a ressocialização do condenado.

Em que pesem as dificuldades práticas, além da situação econômica financeira do condenado, a conjugação dos três outros critérios poderiam ser adotados para aperfeiçoar os critérios do sistema de dia-multa: a gravidade da infração cometida, diretamente proporcional à extensão do prejuízo; a extensão do prejuízo e o lucro auferido com o crime, parâmetro lógico, ainda que de difícil apuração; e a gravidade da culpa, cuja apuração é ainda mais complexa na delinquência econômica do que na tradicional.[263]

6.6.2 Lei 9.9714: Penas restritivas de direitos

Desde o início do século XX, alternativas à pena privativa de liberdade têm estado no centro do debate criminológico, dado o número crescente de pessoas encarceradas e todos os seus irrefutáveis inconvenientes. Como a pena privativa de liberdade tem se confirmado inapta à finalidade de ressocialização, a tendência político criminal orienta-se na busca de sanções mais eficazes para o alcance de seu objetivo preventivo.

Se em algum momento da história, o cárcere representou uma evolução frente a tempos de barbárie e penas cruéis, hoje, ainda diante da impossibilidade de sua total abolição, a legislação internacional

---

[262] FERRAJOLI, Luigi. *Op. cit...*, p. 382
[263] VICENTE MARTÍNEZ, Rosario de. Las consecuencias jurídicas en el ámbito de la delincuencia económica. **Actualidad Penal**, n.6, 1997, La Ley-Actualidad, p. 118

evolui no sentido de sua progressiva redução aos casos de extrema gravidade, quer traduzida pela violência do agente, quer pela dimensão dos danos.

Ainda que orientada para a reintegração do condenado (*Lei de Execução Penal, artigo 1º*), a pena privativa de liberdade apresenta graves inconvenientes em sua adoção, evidenciados, sobretudo, pelas altas taxas de reincidência e notório efeito não só dessocializador, mas criminógeno. A inidoneidade da pena privativa de liberdade tem sido afirmada como mais acentuada em relação aos delinquentes pertencentes ao mais alto estrato social, o que, aprioristicamente, prejudicaria a sua mais importante função legitimadora - a ressocialização - já que geralmente apresentam alto grau de integração social. No entanto, pela recente crônica judicial, é possível concluir que a afirmação falha, se entendermos a ressocialização como a assimilação e aceitação dos valores da vida em sociedade, contendo o impulso de infringi-los.

Embora, lamentavelmente, o legislador brasileiro não tenha feito o melhor uso delas, não seria incorreto afirmar que as penas restritivas de direitos são as que apresentam melhor prognóstico de eficácia, na delinquência em geral.

Na redação original da Nova Parte Geral do Código Penal, as penas restritivas de direitos eram apenas a prestação de serviços à comunidade (*artigo 46*), a interdição temporária de direitos (*artigo 47*) e a limitação de fim de semana (*artigo 48*). Substituíam a pena privativa de liberdade inferior a um ano, nos crimes dolosos e culposos, se o réu não fosse reincidente e sua culpabilidade, antecedentes, conduta social e personalidade, bem como os motivos e as circunstâncias, indicassem que a substituição seria suficiente (*artigo 44, I a III*).

Nos crimes culposos, se a pena cominada fosse igual ou superior a um ano, a substituição seria por duas penas restritivas de direitos ou por uma pena restritiva de direito e multa, exequíveis simultaneamente (*artigo 44, parágrafo único*).

Na hipótese de descumprimento injustificado das condições inerentes às restrições de direitos ou quando sobreviesse condenação, por outro crime, à pena privativa de liberdade não suspensa em virtude de sursis (*artigo 77*), esta espécie de pena era convertida em privação de liberdade, pelo tempo de pena aplicada (*artigo 45*).

Contudo, o seu uso tímido não conseguiu reduzir os números e problemas da pena privativa de liberdade, levando a questão para o futuro.

CAPÍTULO 7

TERCEIRA GERAÇÃO (SÉCULO XX E XXI)

"Onde quer que as prisões sejam construídas,
os Tribunais farão uso delas. Se nenhuma prisão
estiver disponível, algum outro meio de lidar
com o criminoso possivelmente
será descoberto." (Alexander Paterson)[264]

Se, há apenas alguns anos, existia apenas do telefone, telex e máquina de escrever, hoje há uma infinidade de inovações tecnológicas, que propiciam a rápida disseminação do conhecimento, da informação e das ideias. Apesar disso, os sistemas de penas e sua execução, representantes da feição dinâmica do Direito Penal, sofreram poucas alterações. O que se constata é que, apesar dos avanços verificados neste período, em todas as esferas, muito pouco se alterou, de modo a compatibilizá-los com os princípios constitucionais da humanização da pena e da dignidade humana e, em especial, do preso.

---

[264] "Wherever prisons are built, Courts will make use of them. If no prison is handy, some other way of dealing with the offender will possibly be discovered." (RUCK S.K. (Ed). 1951. Paterson on Prisons: Being the Collected Papers of Sir Alexander Paterson. London: Frederick Muller Ltd. *apud* COYLE, Andrew. The limits of the penal system In: **The principles and limits of the penal system. Initiating a Conversation.** Commission on English Prisons Today, ISBN 978-1-905994-03-8, p.12. Disponível em http://www.prisoncommission.org.uk/index.php?id=publications. Acesso em 7 ago. 2021

Apesar do alcance dos princípios insculpidos no texto constitucional, bem como das disposições contidas na Lei de Execução Penal, o incontestável fracasso da pena privativa de liberdade tem produzido consequências perversas, que acabam por se refletir não só nos direitos e garantias dos presos, permanentemente aviltados, mas, também, na segurança da população em geral.[265]

Com o pagamento de seus tributos, a sociedade financia os custos de um sistema ineficaz, na medida em que ele não cumpre a sua principal finalidade declarada - prevenção geral e especial – alcançando apenas a retribuição. Isso faz com que os cidadãos tenham que investir somas cada vez mais vultosas, em sua segurança privada, para minimizar os efeitos da omissão do Estado, ineficiente na promoção e manutenção da segurança pública, como direito fundamental e indissociável do conceito de cidadania.

Nas últimas décadas, em meio aos esforços reformadores empreendidos na busca de soluções para a crise da prisão como instrumento de controle social, a sociedade brasileira tem vivido uma tensão permanente entre a penalização e a despenalização. De um lado, a orientação para uma perspectiva mais humanizada, que acompanhe as tendências penais modernas, direcionadas para a adoção de substitutivos penais na solução dos conflitos, considerados instrumentos fundamentais para a solução da crise do sistema penal. De outro, um país no qual a noção de política pública está frequentemente associada à

---

[265] Neste sentido: *"A crise da execução da pena, como realização do projeto técnico-corretivo da prisão, é irreversível. E a explicação da crise é simples: a prisão introduz o condenado em duplo processo de transformação pessoal, de desculturação pelo desaprendizado dos valores e normas de convivência social, e de aculturação pelo aprendizado de valores e normas de sobrevivência na prisão, a violência e a corrupção – ou seja, a prisão só ensina a viver na prisão."* (SANTOS, Juarez Cirino. *Op.cit..* p.480)

adoção de um Direito Penal de Emergência ou Simbólico[266], para atender aos clamores sociais de combate à criminalidade, através da promulgação de leis penais mais severas, da criação de novos tipos delituosos, do aumento das sanções, do endurecimento da execução penal ou da mitigação de garantias, que facilitem a persecução penal.

No sistema dualista de medidas repressivas, adotado pela Reforma Penal de 1984, as penas privativas de liberdade constituem a principal forma de sanção e o mais recorrente e expressivo instrumento de controle social. Neste cenário, surgiram as políticas criminais extremistas, materializadas por uma série de normas penais incriminadoras, fosse criminalizando novas condutas (*novatio legis incriminadora*); fosse exasperando desproporcionalmente as sanções, tanto sob o aspecto qualitativo, como quantitativo; ou fosse mitigando garantias processuais (*lex gravior*).

Infelizmente, no antagonismo entre estas forças, tem predominado a penalização, que encarcera, em números cada vez mais elevados, apenas alguns segmentos sociais considerados "perigosos", em consequência da criminalidade de massa e da violência urbana, eclodidas a partir da década de 1980.

Com a redemocratização do país, vieram à tona as desigualdades acumuladas durante a sua formação social, ao longo da qual apenas pequena parte da população tem usufruído dos atributos da cidadania - trabalho, renda, educação, saúde, habitação e outros direitos sociais. Para os demais, a garantia constitucional destes direitos apresenta-se como mera expectativa não atendida. Com isso, percebe-se que a

---

[266] *"Ponto nevrálgico da moderna legislação penal é também o chamado direito penal simbólico. Este termo é usado para caracterizar dispositivos penais 'que não geram, primariamente, efeitos protetivos concretos, mas que devem servir à manifestação de grupos políticos ou ideológicos através da declaração de determinados valores ou o repúdio a atitudes consideradas lesivas'."* (ROXIN, Claus. **Estudos de Direito Penal**, Trad. Luís Greco, 2ª ed., Rio de Janeiro : Renovar, 2008, p. 47)

modernidade não chegou para a maior parte da população e o Estado de Direito não se consolidou, apresentando um sistema de proteção social incompleto, incapaz de alterar uma estrutura social desigual e excludente.

Em que pesem as injustiças e desigualdades sociais, em suas várias dimensões, o Estado brasileiro desconsidera-as e, com a aquiescência da sociedade, mostra-se implacável, quando se trata de selecionar e, depois, punir os já excluídos, revelando as contradições e paradoxos de sua formação.

> O estado atual dos cárceres diz da forma como a sociedade brasileira resolveu historicamente suas questões sociais, étnicas, culturais, ou seja, pela via da exclusão, da neutralização, da anulação da alteridade. [...] Diz da falácia dos discursos políticos, dos operadores do direito e da ciência (criminológica), sempre perplexos com a realidade e ao mesmo tempo receosos, temerosos, contidos, parcimoniosos frente às soluções radicais (anticarcerárias), pois protegidos pela repetição da máxima da prisão como 'a terrível solução da qual não se pode abrir mão'.[267]

A seletividade do sistema penal opera em três níveis. No primeiro - criminalização primária - através da lei, que define não só os bens jurídicos a serem tutelados penalmente, como também a não o serem, sempre em prol dos interesses dos grupos sociais dominantes e em detrimento das classes mais baixas do estrato social (ex. criminalidade patrimonial x criminalidade ambiental).

No segundo nível - criminalização secundária - as agências estatais de controle (Polícia, Ministério Público e Poder Judiciário)

---

[267] CARVALHO, Salo de. *Op.cit.,* p.163

selecionam pela ação punitiva, diante da suposição da prática de ato criminalizado voltada contra indivíduos estigmatizados, em razão de sua vulnerabilidade social ou econômica.

O processo termina com a criminalização terciária, a partir do ingresso, no sistema prisional, dos indivíduos, selecionados nas etapas precedentes.

A julgar pela utilização excessiva da pena privativa de liberdade, é de se concluir que a sociedade em geral parece não se preocupar com a dessocialização e a marginalização destes indivíduos que, mais cedo ou mais tarde, retornarão ao convívio social. Apesar disto, no Brasil, a pena privativa de liberdade é aplicada em 97% dos 1.688 tipos existentes na legislação penal comum e extravagante.[268]

Uma política criminal reducionista, baseada na ideia do Direito Penal como *ultima ratio*, implica necessariamente em uma utilização restrita da pena privativa de liberdade e em não considerá-la o principal instrumento de contenção da criminalidade, pois, quanto maior o nível de desenvolvimento humano de um país, maior o elenco de instrumentos de tutela dos conflitos sociais.

A finalidade do Direito Penal de garantir a paz social só se realiza, na medida em que ele seja percebido como indispensável e suficiente para a obtenção deste propósito; ou, por outra, quando não houver alternativas menos gravosas para obter o fim, ou a resolução, do conflito, eis que seu objetivo é a proteção subsidiária de bens jurídicos.

---

[268] Pelo estudo elaborado pelo SISPENAS, dos 1.688 tipos penais existentes na legislação brasileira, 97% contemplam penas privativas de liberdade: 65 de prisão simples, 697 de detenção e 854 de reclusão (BRASIL. Ministério da Justiça. Secretária de Assuntos Legislativos. **SISPENAS**. Disponível em < https://revistajuridica.presidencia.gov.br/index.php/saj/article/view/235/224 > Acesso em 2 nov. 2021)

As alternativas penais podem atender a duas finalidades objetivas: *front door*, buscando evitar, desde o início, o *input*: medidas cautelares substitutivas da prisão provisória, suspensão condicional do processo; e suspensão condicional da sentença (*probation*)[269]; após a condenação, suspensão condicional da pena, penas restritivas de direitos, pena de multa e regime aberto, todos com o objetivo de reduzir a aplicação da pena de prisão nos criminosos primários e de baixa periculosidade. Ou *back door*, visando à antecipação do *output*, por meio da redução do tempo de cumprimento da pena, com a substituição pelo monitoramento eletrônico e, consequentemente, a sua reinserção social gradual - regime aberto ou livramento condicional - de forma a abrandar a execução da pena privativa de liberdade.

A universalização das *alternativas penais – substitutivos penais e penas alternativas –* deslocando o centro do sistema penal, levou à elaboração de Regras Mínimas sobre Penas Alternativas (Regras de Tóquio), cuja finalidade é a promoção do *"uso de medidas não privativas de liberdade e garantias mínimas para os indivíduos submetidos a medidas substitutivas ao aprisionamento"*, recomendando a redução do encarceramento, mediante a adoção de medidas diversificadas em todas as fases processuais, observando-se os direitos humanos e atributos da justiça social, além da reabilitação dos infratores, respeitado o princípio da intervenção mínima.[270]

---

[269] O instituto da *probation* consiste na suspensão condicional da sentença, mediante liberdade vigiada e imposição de proibições e faculdades. (ALMEIDA FILHO, Amaro Alves. "Probation System". Apontamentos para uma experiência brasileira. **Justitia**, p. 339-349)

[270] BRASIL. Ministério da Justiça. Secretaria Nacional de Justiça. **Normas e Princípios das Nações Unidas sobre Prevenção ao Crime e Justiça Criminal**, Brasília: 2009. Disponível em http://www.unodc.org/documents/justice-and-prison-reform/projects/UN_Standards_and_Norms_CPCJ_-_Portuguese1.pdf. Acesso em 18 jul. 2021

Ainda assim, as alternativas penais ainda são restritas aos delitos de menor gravidade ou, nos termos da lei penal, de menor potencial ofensivo (*Lei 9.099/95, artigo 89*), assim considerados os praticados sem violência ou grave ameaça (*Código Penal, artigo 44, I*) ou com penas reduzidas (*Lei 9.099/95, artigo 61*). Na medida em que seus destinatários são indivíduos cujos delitos apresentam baixo ou médio potencial ofensivo, quando condenados recebem penas privativas de liberdade de curta duração, suspensas ou a serem cumpridas em regime aberto; ou acabam beneficiados pela prescrição.[271]

As alternativas penais podem se apresentar não só como penas alternativas, mas também como substitutivos penais, a serem fruídos em momento anterior à execução da pena privativa de liberdade, substituindo-a (suspensão condicional da pena ou *sursis*); ou, ainda, como uma solução alternativa de conflitos (*v.g.* justiça retributiva e suspensão condicional do processo, mediante composição civil e a transação penal).

Não raramente a expressão "alternativas penais" induz à ideia de identidade ou confusão entre as penas restritivas de direitos (*Lei 9.714/1998*), também conhecidas como penas alternativas; e os institutos próprios da Lei 9.099/1995, que criou os Juizados Especiais Criminais: suspensão condicional do processo (*sursis* processual) (*artigo 89*) e transação penal (*artigo 76*).

As penas restritivas de direitos, ou penas alternativas, substituem as penas privativas de liberdade cominadas na sentença penal condenatória, mediante o preenchimento das condições prescritas

---

[271] ILANUD - Instituto Latino Americano das Nações Unidas para Prevenção do Delito e Tratamento do Delinquente. **Levantamento Nacional sobre Execução de Penas Alternativas. Relatório Final de Pesquisa**. Disponível em http://www.mpsp.mp.br/portal/page/portal/documentacao_e_divulgacao/doc_bibliotec a/bibli_servicos_produtos/BibliotecaDigital/BibDigitalLivros/TodosOsLivros/Levanta mento-nacional-sobre-execucao-de-penas-alternativas.pdf. Acesso em 19 jun. 2021

pelo artigo 44 do Código Penal. Os institutos previstos pela Lei 9.099/1995, por sua vez, representam soluções consensuais, que não substituem pena alguma. Pelo contrário, evitam a instauração da ação penal, mediante a aplicação de uma medida que, substancialmente, equivale a uma pena restritiva de direitos (*Lei 9.099/95, artigo 76, caput*).[272]

A categoria das alternativas penais comporta duas espécies. A primeira é composta dos substitutivos penais *stricto sensu*, de primeiro grau, ou puros, pois substituem inteiramente a pena privativa de liberdade, como a multa e as penas alternativas. Na segunda categoria, temos os substitutivos penais de segundo grau, ou mistos, porque, na progressividade da pena privativa de liberdade, consistem em uma medida que vem a substitui-la apenas parcialmente, como o regime aberto e o livramento condicional.

Outra classificação diz respeito ao fundamento e motivação do emprego das alternativas penais. Geralmente, vinculam-se à natureza do crime e às características do réu, visando à sua ressocialização, embora também estejam presentes os demais objetivos da pena, ainda que em segundo plano. Em outros casos, como a comutação e o indulto, são utilizados por razões de ordem político criminal, como as circunstâncias do crime e do agente.

Sob o aspecto das funções exercidas, podem ser medidas de execução penal, que visariam a atenuar os efeitos da execução da pena privativa de liberdade, como a prisão domiciliar, regime semiaberto, regime aberto e limitação de fim de semana; ou medidas probatórias, como o *sursis* processual e penal e o livramento condicional.

---

[272] "*Passados dois séculos de afirmação da prisão como a sanção por excelência, após o desnudamento fornecido pela criminologia crítica, o discurso penal passa a entender que o seu uso deve ficar restrito aos casos-limite. Como alternativa, vislumbra-se a aplicação de medidas restritivas de direitos aos casos de delitos de pequena e/ou média reprovabilidade.*" (CARVALHO, Salo de. *Op. cit...*, p.132)

Por fim, temos os verdadeiros *substitutivos penais*: a composição civil; a transação penal; a pena pecuniária e as penas de perda de bens e valores, da prestação pecuniária, da prestação de serviços à comunidade e da interdição temporária de direitos; o acordo de não persecução penal (ANPP), sem prejuízo de muitos outros que poderiam ser instituídas.

Apenas para ilustrar: há uma série de restrições de direitos, que hoje figuram como efeitos da condenação no Direito brasileiro, passíveis de substituírem as penas privativas de liberdade, com melhor prognóstico de eficácia, desde que guardem uma relação com o crime cometido: interdições temporárias ou perda de direitos (*Código Penal, artigo 43, V*), como aquisição de passaporte, proibição de prestar concursos públicos, proibição de contratar com pessoas jurídicas de direito público; multa ou reparação de dano, como ressarcimento aos cofres públicos (*Código Penal, artigo 91, I*), pelo "custo do crime" (ex. despesas do Estado com a persecução penal); admoestação ou repreensão em audiência de caráter admonitório; prestação alimentícia, em favor de entidade de utilidade pública carente de recursos; suspensão ou privação de direitos políticos; interdição ou perda de cargo, mandato ou função pública, ainda que de caráter transitório (*Código Penal, artigo 92, I*); confisco de bens ou produto do crime (*Código Penal, artigo 91, II*); intervenção na pessoa jurídica; interdição para o exercício de profissão que dependa de licença ou autorização do Poder Público; e inibição de poder de representação em sociedades comerciais, entre outras encontradas na legislação estrangeira.[273]

---

[273] MENESCAL, Cinthia Rodrigues. **Crimes tributários: uma visão prospectiva de sua despenalização**, Rio de Janeiro:Lumen Juris, 2004, p. 172-173

7.1 Composição civil e transação penal

Concretizando o preceito do artigo 98, I da Constituição Federal, a Lei dos Juizados Especiais Criminais (*Lei 9.095/1999*) representa o marco normativo da política criminal alternativa no Brasil, ao integrar novos substitutos penais ao sistema de justiça criminal: composição civil com a vítima e transação penal (*artigo 72 e seguintes*), além da suspensão condicional do processo (*sursis processual*), prevista em seu artigo 89.

Estes institutos têm cabimento nas infrações de menor potencial ofensivo, de competência dos Juizados Especiais Criminais Estaduais (*artigo 60*) e Federais (*Lei 10.259/2001, artigo 2º*), cujo rito admite ampla conciliação. São consideradas de menor potencial ofensivo todas as contravenções penais e os crimes cuja pena máxima seja igual ou inferior a dois anos de detenção ou reclusão (*artigo 61*), independente do rito processual cabível.

Na fase preliminar, a audiência é iniciada, por conciliadores, com uma tentativa de acordo entre a vítima e o autor do fato, com vistas à reparação ou indenização (*composição civil*) do dano, sem que implique na descriminalização do ato (*artigos 72 e 73*). Incide nos crimes processados mediante ação penal de iniciativa pública condicionada à representação ou ação penal de iniciativa privada. A composição civil nada mais é que a indenização material ou moral, efetuada pelo autor do fato, que equivale à renúncia ao direito de queixa ou representação, extinguindo, por conseguinte, a punibilidade, desde que homologada por sentença irrecorrível, com eficácia de título executivo no juízo cível (*artigo 74*).

Não havendo a composição civil dos danos, é facultado à vítima o oferecimento de representação, nas hipóteses de crimes de ação penal de iniciativa pública condicionada à representação, para que a audiência preliminar prossiga ou o Ministério Público requeira vista dos autos para oferecimento da denúncia. Nesta hipótese, é designada audiência de instrução e julgamento, com a citação das partes, quando é feita nova proposta de conciliação. Não sendo possível, o juiz dará a palavra à defesa para a resposta prévia à acusação.

A transação penal só pode ser proposta pelo Ministério Público, visando a aplicação de pena restritiva de direitos ou multa. Estando presentes os requisitos do artigo 76, trata-se de direito subjetivo do autor do fato, pelo que o não oferecimento há de ser fundamentado, tendo aplicação analógica a disposição prevista no artigo 28 do Código de Processo Penal. Contudo, se estiverem presentes as circunstâncias previstas no artigo 76, § 2º da Lei 9.099/1995, torna-se inviável a propositura da transação penal. Celebrada, o juiz determina a pena restritiva de direitos ou a multa cabível. Esta sentença não constitui título executável no juízo cível, mas dela caberá recurso de apelação. Diante do descumprimento da transação, haverá a revogação do benefício, a retomada da persecução penal e o interessado poderá propor a ação civil de conhecimento perante o juízo cível.

Esse instituto não se confunde com o *plea bargaining* do direito norte americano, que se submete ao princípio da oportunidade da ação penal pública, e no qual a justiça é realizada mediante negociação entre acusador e acusado, por meio da qual este se considera culpado, acordando até sobre os fatos e sua adequação típica, com o benefício de receber pena por crime menos grave ou por um menor número de crimes.

Entre nós, em razão do princípio da oportunidade regrada da propositura da ação penal, o Ministério Público não pode dispor dela plenamente, já que a transação requer o preenchimento dos requisitos do artigo 76 da Lei 9.099/1995. Pela transação penal, que deve ocorrer necessariamente em audiência, é proposta uma pena restritiva de direitos ou multa, condizente com a gravidade do crime. Tampouco equivale ao *guilty plea*, no qual o réu concorda com os termos da denúncia, havendo a prolação da sentença, sem a instrução processual.

Outros exemplos da expansão da justiça consensual estão nas Lei 9.807/1999 (colaboração premiada como acordo); Lei 12.850/2013 (procedimento consensual como meio especial de obtenção de provas para o enfrentamento de organizações criminosas e crimes transnacionais); Lei 12.846/2013 (acordos de leniência em matéria anticorrupção (Lei Anticorrupção Empresarial)); Lei 13.129 e Lei 13.140, ambas de 2015 (possibilidade de autocomposição e da arbitragem pela Administração Pública, em harmonia com os princípios do Código de Processo Civil (Lei 13.105/2015); e, mais recentemente, a Lei 13.964/19 (Pacote Anticrime), que alterou o artigo 28 do Código de Processo Penal, com a inclusão do ANPP (Acordo de Não Persecução Penal).

7.2 Suspensão condicional do processo

Nos crimes de médio potencial ofensivo (*Lei 9.099/1995, artigo 89*, caput), esgotadas as possibilidades de conciliação ou transação penal, ao oferecer a denúncia, poderá o Ministério Público propor a suspensão condicional do processo (*sursis* processual) (*Lei 9.099/1995, artigo 89*), por um período de prova de dois a quatro anos. Para a obtenção do benefício, é necessário que o crime tenha pena abstrata mínima menor ou igual a um ano; que o acusado não esteja sendo processado ou não tenha sido condenado por outro crime; e que estejam presentes os mesmos requisitos exigidos para a suspensão condicional da pena (*Código Penal, artigo 77*) - a culpabilidade, os antecedentes, a conduta social e a personalidade do agente, bem como os motivos e circunstâncias, autorizem a concessão do benefício.

Assim como na transação penal, a proposta de suspensão do processo é uma faculdade exclusiva do Ministério Público e resulta de um acordo entre este e o acusado, Após sua aceitação, o juiz receberá a denúncia e suspenderá o processo, não se iniciando a instrução processual. Como instituto despenalizador, não há sentença condenatória (*artigo 89, § 1º*), não gerando, por conseguinte, reincidência ou maus antecedentes. Se o acusado não a aceitar, a ação penal prossegue normalmente (*artigo 89, § 7º*).

Aceito o *sursis* processual, o acusado é submetido a um período de prova, variável entre dois e quatro anos, durante o qual deve cumprir as condições legais (*artigo 89, § 1º*) ou outras que o juiz reputar convenientes (*artigo 89, § 2º*). Neste período, não correrá prescrição (artigo 89, § 6º).

Se houver revogação da suspensão (artigo 89, §§ 3º e 4º), a ação penal é retomada. A revogação do benefício ocorrerá diante do cometimento de novo crime ou a não reparação injustificada do dano. Se houver a prática de contravenção penal ou o descumprimento das condições impostas, a revogação será facultativa, consoante a discricionariedade do juiz. Impõe ressaltar que, apenas nos casos do benefício da suspensão do processo, suspender-se-á, também, o prazo prescricional. De qualquer forma, a não aceitação do benefício ou a sua revogação implicará na continuidade da persecução penal.

Após o cumprimento integral do período de prova, sem qualquer revogação, é decretada a extinção da punibilidade (*artigo 89, § 5º*), pelo juiz do processo. Para a reparação civil do dano, há que ser proposta ação de conhecimento, pois não há título executivo judicial passível de execução no juízo cível.

7.3 Suspensão condicional da pena

No Brasil, a suspensão condicional da pena (*sursis* penal) foi instituída pelo Decreto 16.588/1924[274], adotando o sistema franco belga

---

[274] BRASIL. **Decreto nº 16.588 de 6 de setembro de 1924**. Estabelece a condenação condicional em matéria penal. Diário Oficial da União – Seção 1 de 9 de setembro de 1924, p. 19.741. Disponível em http://www2.camara.leg.br/legin/fed/decret/1920-

(*sursis à l'execution de la* peine). Estabeleceu-se a condenação condicional ou sobrestação condicional da pena[275], pelo período de dois a quatro anos, para os crimes, e de um a dois anos, para as contravenções penais. Seus requisitos eram a primariedade; a condenação à pena privativa de liberdade ou multa conversível em prisão, de até um ano; e o caráter não perverso ou corrompido do condenado, aferido a partir da natureza e motivação do crime, e suas condições pessoais.

Já naqueles tempos, esclarecia sua Exposição de Motivos, o objetivo era não inutilizar o criminoso primário, não corrompido e não perverso, desde o início, pelo cumprimento da pena; evitar, com o contágio na prisão, as funestas e conhecidas consequências desse grave mal; e diminuir o índice de reincidência, pelo receio de que se tornasse efetiva a primeira condenação.

> § 1. O substitutivo penal que se concretisa na condemnação condicional ou no sursis (condicional sobreestação da pena), é o instituto jurídico pelo qual, deante d'um crime qualquer ou de certas figuras delictuosas, tendo-se em vista as condições personalissimas do delinquente, em determinados casos e de accordo com condições legaes genéricas ou prefixas determinadamente, põe-se em pratica, por acto declaratório e ordenatório da autoridade jurisdiccional, a condicional renuncia, total ou parcial, por parte do Estado, do poder de punir, seja quanto ao poder declaratório da imputabilidade e responsabilidade penal, seja quanto ao seu jurídico

---

1929/decreto-16588-6-setembro-1924-517460-publicacaooriginal-1-pe.html. Acesso em 13 set. 2020

[275] GUSMÃO, Chrysolito de. **Da Suspensão Condicional da Pena**. Rio de Janeiro: Livraria Francisco Alves, 1926, p.1

conseqüente – a funcção estatal de imposição e execução das sancções penaes.[276]

Em seu regime atual, alcança os condenados a penas privativas de liberdade de até dois anos, não reincidentes em crime doloso e cujas circunstâncias judiciais sejam favoráveis, desde que seja impossível a substituição por pena alternativa. Pode ser concedida a condenados a penas privativas de liberdade não superiores a quatro anos, maiores de 70 anos ou cujas condições de saúde justifiquem a medida (*Código Penal, artigo 77, I a III e § 2º*).

Difere do *probation*, instituto com raízes nos Estados Unidos e Inglaterra. Derivado de *probatum* (latim, ato de provar), em sentido amplo, significa o período no qual o indivíduo está sujeito à observação e avaliação judicial, para fazer jus a benefícios ou ao livramento condicional. No sistema judicial brasileiro, corresponde ao período de prova, comum aos institutos da suspensão condicional da pena (*Código Penal, artigos 77 a 79*), livramento condicional (*Código Penal, artigos 83 e 85*) e da suspensão condicional do processo (*Lei 9.099/95, artigo 89, §§ 1º e 2º*).

No instituto anglo americano, não há prolação de sentença condenatória, mas apenas uma declaração de culpa, após a qual é fixado o período de prova, proporcional ao grau de gravidade do crime imputado e variável entre um e três anos, sob a supervisão de profissionais especializados (*probation officers*). Pode ser concedido ao condenado por qualquer crime, desde que o juiz considere conveniente diante das circunstâncias do caso concreto. Implica em um condicionamento positivo, durante o qual o beneficiário, deve manter bom comportamento e cumprir as prescrições estabelecidas.[277]

---

[276] *Ibidem*, p.1.
[277] Probation. **FindLaw**. Disponível em http://criminal.findlaw.com/criminal-procedure/probation-faq.html. Acesso em 5 jun. 2021

Durante este período, havendo violação das condições impostas, poderão ser impostas outras restrições, a fixação de uma multa ou até sua revogação. Nesta hipótese, o período de prova pode ser estendido, outras multas podem ser fixadas, tratamentos e aconselhamento podem ser prescritos ou ser determinada execução da sentença suspensa, ou de parte dela.

7.4 Penas restritivas de direitos

A Lei 9.099/1995 iniciou a contramarcha em uma política criminal de criminalização e penalização crescente, característica das décadas de 1980/1990. Na busca por alternativas penais, que reduzissem ao máximo a privação de liberdade em infrações penais de pequeno e médio potencial ofensivo, foi sancionada a Lei 9.714/1998, que ampliou significativamente o escopo das penas restritivas de direitos em nossa legislação. Embora estivessem previstas desde a edição da Lei 7.209/84 (*artigos 147 a 155*), sua aplicação foi estendida a penas de até quatro anos de reclusão, por crimes cometidos sem violência (*Código Penal, artigo 44, I a III*).

As penas alternativas consistem em todas as sanções diversas daquela predominante em determinado sistema jurídico. Em sentido estrito, seriam as penas não privativas de liberdade. No atual modelo brasileiro, são representadas pelas penas restritivas de direitos (*artigo 43 e seguintes*) e a multa (*artigo 49*).

As infrações de menor potencial ofensivo têm seu contorno definido pela Lei 11.313/2006, que alterou o artigo 61 da Lei 9.099/1995, estabelecendo como tais as contravenções penais e crimes cuja pena máxima abstrata seja igual ou inferior a dois anos, cumulada ou não com pena de multa. As infrações legais de médio potencial ofensivo não contam com uma definição legal, pelo que, em uma interpretação sistemática, é possível concluir que sejam aquelas não abrangidas pela definição anterior, mas que permitam a suspensão condicional do processo (*Lei 9.099/95, artigo 89*), a substituição por pena restritiva de direitos (*Código Penal, artigo 44, I*), ou pelo *sursis* (*Código Penal, artigos 77 e seguintes*). Isto porque, nestas hipóteses, o legislador prevê a adoção de substitutivos penais, não aplicáveis às infrações cuja gravidade e presumível periculosidade do agente não o permitam.

Da maneira como foram adotadas em nossa legislação e têm sido aplicadas pelo Poder Judiciário, não têm apresentado o efeito de promover desencarcerização, já que o perfil dos condenados a este gênero de penas é bastante diferente da maioria da população carcerária, composta por indivíduos em situação de grande vulnerabilidade social e econômica.

Apesar de apresentarem-se sob a denominação genérica de penas restritivas de direitos (*Código Penal, artigo 43*), entre elas, encontram-se verdadeiras *penas restritivas de liberdade* - limitação de fim de semana (VI) e prestação de serviços à comunidade ou a entidades públicas (IV) - e até mesmo *pecuniárias*, como a prestação pecuniária (I) e a perda de bens e valores (II).

As verdadeiras restrições de direitos são previstas apenas no artigo 43, V e 47 do Código Penal: proibição do exercício de cargo, função ou atividade pública e mandato eletivo; proibição do exercício de profissão, atividade ou ofício que dependa de habilitação especial, de licença ou autorização do poder público; suspensão de autorização ou de habilitação para dirigir veículo; proibição de frequentar determinados lugares; e proibição de inscrever-se em concurso, avaliação ou exames públicos.

No campo das penas alternativas, o mais relevante avanço trazido pela Lei 9.714/98 consistiu em deixarem de serem penas acessórias para transformarem-se em penas substitutivas da pena privativa de liberdade, mas podendo ser aplicadas isoladamente. No entanto, o legislador perdeu a oportunidade de otimizar sua adoção, ao mantê-las na condição de sanções substitutivas e não de penas autônomas. Acrescente-se, ainda, que a pena de prisão domiciliar foi vetada no PL 2.684/1996 (*artigo 43, III e 45, § 4º*), que deu origem a esta lei.[278] Apesar destas limitações, com o aumento de pena de um para quatro anos e aplicabilidade a todos os crimes culposos (*Código Penal, artigo 44, I*), seu emprego ampliou-se consideravelmente.

7.5 Livramento condicional

Previsto como uma antecipação da liberdade, o livramento condicional, instituído pelo Código Penal de 1890 (*artigos 51 e 52*), foi implementado apenas em 1924, pelo Decreto 16.665, que previa sua aplicação a condenações iguais ou superiores a quatro anos (*artigo 1º*).[279]

No regime atual, representa a concessão, pelo poder jurisdicional, da antecipação da liberdade, desde que atendidos determinados requisitos e mediante o cumprimento de determinadas condições. É um direito do condenado, concedido por razões de política criminal, com vistas à progressividade da pena e, consequentemente, à sua reinserção social.

Tem cabimento nas penas privativas de liberdade iguais ou superiores a dois anos (*Código Penal, artigo 83 e Código de Processo*

---

[278] BRASIL. Câmara dos Deputados. **PL 2.684 de 26 de dezembro de 1996**. Incluindo dentre as penas restritivas de direitos: a prestação pecuniaria, a perda de bens e valores e o recolhimento domiciliar, caracterizando como penas alternativas. Disponível em http://www.camara.gov.br/proposicoesWeb/prop_mostrarintegra?codteor=1132241&filename=Avulso+-PL+2684/1996. Acesso em 8 mai. 2021

[279] BRASIL. **Decreto nº 16.665 de 6 de novembro de 1924**. Regula o livramento condicional. Collecção das Leis da Republica dos Estados Unidos do Brasil de 1924. Volume III, Actos do Poder Executivo (Junho a Novembro), p.392-397. Disponível em https://www2.camara.leg.br/atividade-legislativa/legislacao/colecao-anual-de-leis/colecao4.html Acesso em 15 mar. 2021

Penal, artigo 710), sendo possível, para este fim, o somatório das penas, ainda que impostas em processos distintos (*Código Penal, artigo 84* e *Código de Processo Penal, artigo 711*).

Se a pena for inferior a dois anos, o condenado for reincidente e não fizer jus ao *sursis*, deverá cumprir ao menos a metade da pena imposta (*Código Penal, artigo 83, II*). Tratando-se de condenado de bons antecedentes e não reincidente em crime doloso, deverá cumprir um terço da pena (*artigo 83, I*); do contrário, a metade (*artigo 83, II*). Se a condenação se der pela prática de crime hediondo, tortura, tráfico ilícito de entorpecentes e drogas afins e terrorismo e o condenado não for reincidente específico em crimes desta natureza, deverá cumprir dois terços da pena (*artigo 83, V*).

Além do requisito temporal, deverá reparar o dano causado, salvo na efetiva impossibilidade de fazê-lo (*artigo 83, IV*) e comprovar bom comportamento durante a execução da pena, sem cometimento de falta grave nos 12 meses anteriores; bom desempenho no trabalho atribuído e capacidade de prover à sua subsistência, por meio de trabalho lícito (*artigo 83, III*). Nos crimes cometidos com violência ou grave ameaça, é necessária ainda a aferição da cessação de periculosidade (*artigo 83, parágrafo único*). A avaliação destes requisitos subjetivos incumbe ao Conselho Penitenciário (*Código de Processo Penal, artigo 713*).

Durante o período de prova do livramento condicional, equivalente ao tempo de pena a cumprir, o condenado deve se submeter a uma série de condições. (*Código Penal, artigo 85* e *Lei de Execução Penal, artigo 132*, caput). São condições obrigatórias: obtenção de ocupação lícita, dentro de prazo razoável se for apto para o trabalho; comunicação periódica ao Juízo da execução de sua ocupação; e proibição de mudança da comarca do Juízo da execução, sem sua prévia autorização (*Código Penal, artigo 85* e *Lei de Execução Penal, artigo 132, § 1º*).

Além destas, o juízo da execução poderá estabelecer quaisquer das seguintes condições: proibição de mudança de residência sem comunicação ao Juízo e à autoridade incumbida da observação cautelar e de proteção; recolhimento à residência em hora fixada; proibição de frequentar determinados lugares, além de outras julgadas convenientes para a sua reintegração, como cursos de capacitação profissional e programas assistenciais (*v.g.* Alcóolicos Anônimos) (*Código Penal, artigo 85;* e *Lei de Execução Penal, artigo 132, § 2º*).

Cometido crime durante a vigência do benefício, o período de prova é prorrogado até o trânsito em julgado da sentença relacionada ao processo pendente. Se condenatória à pena privativa de liberdade, o benefício será revogado e o condenado deverá cumprir o resto do tempo da prisão, sem computar o período em que esteve solto (*Código Penal, artigo 88*); se absolutória, será declarada extinta a punibilidade.

A condenação definitiva a pena privativa de liberdade pela prática de crime anterior ao período de prova do livramento implica em revogação obrigatória. No entanto, observada a disposição do artigo 84 do Código Penal, permite-se o somatório de penas, com o desconto do período de prova, em nova unificação (*Lei de Execução Penal, artigo 111*), para efeito de concessão de novo livramento condicional.

7.6 Acordo de Não Persecução Penal (ANPP)

Embora já tivesse sido previsto no artigo 18 da Resolução do Conselho Nacional do Ministério Público nº 181/2017[280], o acordo de não persecução penal (ANPP), mais recente alternativa penal na

---

[280] BRASIL. Conselho Nacional do Ministério Público. **Resolução nº 181 de 07.08.2017.** Dispõe sobre instauração e tramitação do procedimento investigatório criminal a cargo do Ministério Público. Disponível em https://www.cnmp.mp.br/portal/images/Resolucoes/Resoluo-181-1.pdf. Acesso em 9 mai. 2021

legislação brasileira, só foi introduzido pela Lei 13.964/2019 (Pacote Anticrime), que alterou o artigo 28 do Código de Processo Penal.

> Art. 28-A. Não sendo caso de arquivamento e tendo o investigado confessado formal e circunstancialmente a prática de infração penal sem violência ou grave ameaça e com pena mínima inferior a 4 (quatro) anos, o Ministério Público poderá propor acordo de não persecução penal, desde que necessário e suficiente para reprovação e prevenção do crime, mediante as seguintes condições ajustadas cumulativa e alternativamente:
>
> I - reparar o dano ou restituir a coisa à vítima, exceto na impossibilidade de fazê-lo;
>
> II - renunciar voluntariamente a bens e direitos indicados pelo Ministério Público como instrumentos, produto ou proveito do crime;
>
> III - prestar serviço à comunidade ou a entidades públicas por período correspondente à pena mínima cominada ao delito diminuída de um a dois terços, em local a ser indicado pelo juízo da execução, na forma do art. 46 do Decreto-Lei nº 2.848, de 7 de dezembro de 1940 (Código Penal);
>
> IV - pagar prestação pecuniária, a ser estipulada nos termos do art. 45 do Decreto-Lei nº 2.848, de 7 de dezembro de 1940 (Código Penal), a entidade pública ou de interesse social, a ser indicada pelo juízo da execução, que tenha, preferencialmente, como função proteger bens jurídicos iguais ou semelhantes aos aparentemente lesados pelo delito; ou
>
> V - cumprir, por prazo determinado, outra condição indicada pelo Ministério Público, desde que

proporcional e compatível com a infração penal imputada.

Tem como base um modelo consensual de solução de conflitos, afastando a obrigatoriedade da ação penal de iniciativa pública, consagrada no artigo 129, I da Constituição Federal e é aplicável a crimes não hediondo ou equiparado, cometidos sem violência ou grave ameaça à pessoa, cujas penas mínimas não excedam 4 anos.

Nas infrações em que houver dano, este não pode exceder 60 salários mínimos. Quando for superior a este valor, deve ser assegurada a reparação integral do dano.

Afastam sua incidência a possibilidade de transação penal (Lei 9.099/1995, artigo 76) e a condenação a pena privativa de liberdade; a aplicação de pena restritiva de direitos ou multa, nos cinco anos anteriores; ou se as circunstâncias judiciais não indicarem que a medida seja necessária e suficiente (Lei 9.099/1995, artigo 76, § 2º).

Seguindo o espírito de seu artigo 17, não é possível a celebração de acordo de não persecução penal nos casos de violência doméstica e familiar, abrangidos pela Lei 11.340/2006.

O legislador teve o cuidado de impossibilitá-lo, se para cumprimento integral do acordo, houver o risco de ocorrência da prescrição da pretensão punitiva.

A principal questão relativa ao recente instituto tem sido a impossibilidade de aplicação a ações penais já em andamento, pois só incide na fase anterior ao recebimento da denúncia, que marca a formação da relação jurídico-processual penal.[281]

---

[281] Direito penal e processual penal. Agravo regimental em *habeas corpus*. Acordo de não persecução penal (art. 28-A do CPP). Retroatividade até o recebimento da denúncia. 1. A Lei nº 13.964/2019, no ponto em que institui o acordo de não persecução penal (ANPP), é considerada lei penal de natureza híbrida, admitindo

conformação entre a retroatividade penal benéfica e o *tempus regit actum*. 2. O ANPP se esgota na etapa pré-processual, sobretudo porque a consequência da sua recusa, sua não homologação ou seu descumprimento é inaugurar a fase de oferecimento e de recebimento da denúncia. 3. O recebimento da denúncia encerra a etapa pré-processual, devendo ser considerados válidos os atos praticados em conformidade com a lei então vigente. Dessa forma, a retroatividade penal benéfica incide para permitir que o ANPP seja viabilizado a fatos anteriores à Lei nº 13.964/2019, desde que não recebida a denúncia. 4. Na hipótese concreta, ao tempo da entrada em vigor da Lei nº 13.964/2019, havia sentença penal condenatória e sua confirmação em sede recursal, o que inviabiliza restaurar fase da persecução penal já encerrada para admitir-se o ANPP. 5. Agravo regimental a que se nega provimento com a fixação da seguinte tese: '*o acordo de não persecução penal (ANPP) aplica-se a fatos ocorridos antes da Lei nº 13.964/2019, desde que não recebida a denúncia*'. (BRASIL. Supremo Tribunal Federal. *Habeas Corpus* **191464 AgR**, Relator(a): Roberto Barroso, Primeira Turma, julgado em 11/11/2020, Processo Eletrônico DJe-280 Divulg 25-11-2020 Public 26-11-2020)

Conclusão

O FUTURO DAS PENAS

Embora, a partir do Iluminismo, a prisão tenha se estabelecido como uma resposta mais racional e humanizada ao delito, seus efeitos nocivos e a frustração quanto às suas finalidades já se faziam perceber desde a sua origem.

> [...] quando as prisões já não forem a horrível mansão do desespero e da fome, quando a piedade e a humanidade penetrarem nas masmorras, [...] [282]

Não são novidade que as condições do sistema carcerário no Brasil que descumpre diuturnamente o objetivo maior do Estado (Constituição Federal, artigo 1º, III) - a dignidade humana - é inafastável dos direitos fundamentais que não são providos, nem respeitados, sobretudo em relação aos presos, qualquer que seja a sua condição e qualidade pessoal, cujo cotidiano é pautado por situações que concretizam a barbárie, em circunstâncias desumanas, que levaram à decretação do estado de coisas inconstitucional na Arguição de Descumprimento de Preceito Fundamental nº 347/2015. [283]

---

[282] BECCARIA, Cesare Bonesana, Marchesi di. *Op. cit...*, p. 24
[283] BRASIL. Supremo Tribunal Federal. **Arguição de Descumprimento de Preceito Fundamental 347/2015 (nº 0003027-77.2015.1.00.0000)** – Rel. Min. Marco Aurélio. Disponível em https://portal.stf.jus.br/processos/detalhe.asp?incidente=4783560. Acesso em 6 jul. 2021

Nesse caminho, verifica-se, pelos números apurados pelo Conselho Nacional de Justiça, a própria inefetividade das penas privativas de liberdade para a reabilitação dos condenados. Se as penas privativas de liberdade são orientadas pela reeducação e reinserção social, a finalidade da sanção penal para a proteção de bens jurídicos - prevenção especial positiva (Código Penal, artigo 59, caput, parte final; e Lei de Execução Penal, artigo 1º) - estaria legitimada também por penas não privativas de liberdade, com maior prognóstico de dissuasão, eis que manteriam o diálogo abandonado por força da condenação à prisão.[284]

Os reflexos do encarceramento brasileiro têm sido estudados, ao menos desde a década de 1970, com suas interseções com a violência, da criminalidade, das organizações policiais, dos sistemas de justiça criminal e das políticas de segurança pública.

Além da reinserção do condenado e da garantia de respeito a seus direitos não suprimidos pela condenação, alternativas penais atendem a uma exigência da própria evolução do Direito Penal rumo à modernidade, reduzindo o papel da prisão como instrumento de controle social.[285] As necessidades objetivas e reais da sociedade contemporânea explicam sua adoção progressiva pelos países ocidentais, constituindo um campo propício às inovações que ampliem racionalmente o elenco de sanções e medidas, cujas vantagens se encontrem em si mesmas e não apenas como meros sucedâneos da pena

---

[284] DOTTI, René Ariel. *Op. cit...*, p. 324-325

[285] *"Importante deixar claro que as medidas descarcerizadoras devem ser vistas como importantes mecanismos de desinstitucionalização, sendo sua aplicação inegavelmente mais vantajosa que qualquer espécie de encarceramento.[...] Conforme sustentam os autores [Stanley Cohen, Nils Christie e Andrew Coyle], é necessário que as alternativas à prisão sejam efetivamente alternativas, e não sistemas adicionais, apêndices ou válvulas de escape do insolvente modelo carcerário. As alternativas deveriam constituir-se, pois, em possibilidades reais de minimizar a dor do encarceramento, estabelecendo radical ruptura com o modelo punitivo tradicional."* (CARVALHO, Salo de. *Op.cit.*, p. 150/153)

privativa de liberdade. Isto porque, se o Direito Penal constitui a última instância de controle social, a pena privativa de liberdade deveria ser a última das sanções utilizadas pelo julgador.[286]

Sob uma abordagem crítica, as alternativas penais surgem, por óbvio, da necessidade de reduzir os contingentes carcerários, cuja superlotação agrava todos os muitos e já conhecidos efeitos deletérios da prisão: indisciplina, vigilância, ociosidade, violência (física e sexual) entre os presos, violência física entre eles e os agentes penitenciários, promiscuidade sexual, privação de vida sexual regular, entre outros. Além da população já encarcerada, ainda hão que ser computados os encarceráveis em razão de mandados de prisão não cumpridos.

Acrescente-se o desequilíbrio decorrente do custo versus benefício da prisão, pois o Estado não suporta arcar com os custos diretos e indiretos do detento (alojamento, alimentação, higiene, saúde, assistência jurídica e social; e vestuário, lazer, educação e trabalho, quando disponíveis)[287], além da infraestrutura e pessoal especializado e do funcionamento do próprio sistema de justiça criminal, em suas esferas, para os quais as dotações orçamentárias parecem ser sempre insuficientes.

---

[286] MOLINÉ, José Cid. LARRAURI PIJOAN, Elena. Introducción. In: MOLINÉ, José Cid. LARRAURI PIJOAN, **Penas Alternativas a la Prisón**, Barcelona:Bosch, 1997, p.12

[287] As dificuldades em calcular o custo mensal por preso são devidas, entre outros fatores, à falta de uniformização de critérios, à imprecisão e à diluição de seus componentes em várias pastas. A média mensal, calculada por preso, nas Unidades da Federação, corresponde a valor superior a R$ 1.500, sendo ainda mais alto em presídios de segurança máxima. Neste sentido, foi editada a **Resolução nº 6 de 29.06.2012**, para padronizar os métodos a serem utilizados para se aferir o valor do custo mensal do preso em cada unidade da Federação. (BRASIL. Ministério da Justiça, Departamento Penitenciário Nacional, Conselho Nacional de Política Criminal e Penitenciária. **Resolução nº 6 de 29.06.2012**. Acesso em https://www.gov.br/depen/pt-br/composicao/cnpcp/resolucoes/2012/resolucao-no-6-de-29-de-junho-de-2012.pdf/view. Disponível em 23 mar. 2021)

No entanto, deixam de ser computados os chamados custos "ocultos" da prisão: perda de moradia, saúde (ex. HIV, hepatites, tuberculose, depressão e outros transtornos mentais), estigmatização socioprofissional, impacto negativo na família e reincidência.[288]

Não menos importante é a crítica à função de instrumentos de extensão do controle social (*net widening*) atribuída às alternativas penais. Na Resolução 288/2019, o Conselho Nacional de Justiça definiu a política institucional do Poder Judiciário para a promoção da aplicação de alternativas penais.[289] A necessária supervisão da conduta do beneficiário da alternativa penal, por meio dos serviços de assistência social, termina por expandir o sistema de controle social para além da prisão.

Acrescente-se que, com a redução do tempo de encarceramento, ocorre maior rotatividade de vagas no sistema penitenciário, permitindo seu imediato preenchimento e, com isso, aumentando o contingente de indivíduos com passagem por algum tipo de estabelecimento penitenciário, ainda que por um curto período.

Sob esta ótica, é razoável afirmar que a instituição das medidas alternativas não tem produzido o esperado efeito descarcerizador, mas, ao contrário, expandindo os sistemas de controle social, já que estes não necessariamente vêm a substituir a pena privativa de liberdade. Muitas vezes, complementam-na, pois, diante do descumprimento das

---

[288] LISTWAN. Shelley Johnson. Cost-effectiveness of Prisons. **Justice Action**, Australia. 2013. Disponível em https://www.justiceaction. org.au/prisons/what-is-prison-about/204-prisons/failures-of-imprisonment/costeffectiveness-of-prisons. Acesso em 6 jul. 2021

[289] BRASIL.Conselho Nacional de Justiça. **Diagnóstico sobre as varas especializadas em alternativas penais no Brasil** [recurso eletrônico] / Conselho Nacional de Justiça, Programa das Nações Unidas para o Desenvolvimento, Departamento Penitenciário Nacional ; coordenação de Luís Geraldo Sant'Ana Lanfredi ... [et al.]. Brasília : Conselho Nacional de Justiça, 2020. Disponível em https://www.cnj.jus.br/wp-content/uploads/2020/09/Diagn%C3%B3stico-sobre-as-Varas-de-Alternativas-Penais-no-Brasil_eletronico.pdf. Acesso em 6 jul. 2021

condições impostas para a inclusão em medidas alternativas, a sanção é a prisão.

A crise que se abate sobre o sistema de justiça criminal, especialmente em relação à sua idoneidade e eficácia, atinge tanto a pena privativa de liberdade, quanto as alternativas penais. Não se trata apenas de desencarcerar, aliviando o déficit das prisões, mas também questionar a pertinência de sua finalidade ressocializadora. Neste aspecto, devem ser examinados e aplicados sobre o justo equilíbrio entre os direitos do preso e seus familiares e os da vítima e da sociedade.

Para limitar a intervenção penal, as denominadas alternativas penais, instituídas a partir de processos de descriminalização, despenalização e limitação ao rigor das penas de prisão[290], funcionam como instrumentos de Política Criminal, estabelecidas para evitar ou reduzir os efeitos negativos do próprio Direito Penal, substituindo os controles sociais das infrações de baixo ou médio potencial ofensivo, praticadas por indivíduos de baixa periculosidade, nos quais uma intervenção judicial mais restritiva traria mais malefícios.

Desde os primórdios, constatou-se que o sistema penitenciário não seria capaz de reintegrar o preso à vida em sociedade, sobretudo em se tratando de condenados primários a penas de curta duração, diante da possibilidade de sofrerem todos os efeitos criminógenos da prisão, sem a menor possibilidade de obter qualquer benefício dela. O fundamento do instituto não era somente o interesse do condenado em não ser privado de sua liberdade, mas, sim, o interesse da sociedade, que mantinha pretensões de reintegração social do criminoso, objetivo inviável em uma curta pena de prisão.

---

[290] CID MOLINÉ, José e LARRAURI PIJOAN, Elena. **Penas alternativas a la prisión**, Barcelona:Bosch, 1997, p. 12-13

É importante ressaltar que, a despeito da resistência da sociedade, a adoção de medidas despenalizadoras pode significar realmente uma eficiente alternativa ao encarceramento e à impunidade. Principalmente na espécie de prestação de serviços à comunidade, pode racionalizar o sistema de justiça criminal, tratando os diferentes crimes, com sanções proporcionais e adequadas ao perfil de seus autores, características da conduta e bem jurídico tutelado pela norma, permitindo, assim, a desoneração de um sistema penitenciário que, desde o seu surgimento, tem apresentado sinais de colapso.

Mesmo diante das tantas limitações da prisão, qualquer que seja a perspectiva observada, os estudiosos ainda não formularam uma solução que eliminasse a sua necessidade. Conforme os números indicam, a sociedade continua a considerá-la a melhor solução entre as ruins.

REFERÊNCIAS

ALMEIDA, Cândido Mendes de. **Código Philippino ou Ordenações e leis do reino de Portugal recopiladas por mandado d'El-Rey d. Philippe I**, 14ª edição, Rio de Janeiro: Typographia do Instituto Philomatico, 1870. (Edição por reprodução em fac-símile Lisboa:Fundação Calouste Gulbenkian, 1985.)) Ordenações Filipinas *On Line*. Centro de Documentação 25 de Abril, Universidade de Coimbra. Disponível em http://www2.senado.leg.br/bdsf/item/id/242733. Acesso em 2 jul. 2021

ALVAREZ, Marcos César; SALLA, Fernando; e SOUZA, Luís Antônio F.. A sociedade e a lei: o Código Penal de 1890 e as novas tendências penais na Primeira República. **Justiça e História**, v. 3, n.6. Porto Alegre:TJRS, 2003, p. 6. Disponível em https://nev.prp.usp.br/publicacao/a-sociedade-e-a-lei-o-cdigo-penal-de-1890-e-as-novas-tendencias-penais-na-primeira-repblica/ Acesso em 10 set. 2020

BECCARIA, Cesare Bonesana, Marchesi di. **Dos Delitos e das Penas**, trad. Flório de Angelis, Bauru:EDIPRO, 1ª ed., 5ª reimp., 2000, (Série Clássicos)

BENTHAM, Jeremy. **L'Oeil du Pouvoir (El Panoptico)**. trad. María Jesús Miranda. VARELA, Julia; ALVAREZ-URÍA, Fernando (Coord.). Genealogía del Poder. Madrid:Las Ediciones de La Piqueta, 1979

BICALHO, Maria Fernanda Baptista. Crime e castigo em Portugal e seu Império, **Topoi**, Volume 1, nº 1, Rio de Janeiro: IFCS/UFRJ, jan./dez. 2000, p.226. Disponível em https://www.scielo.br/j/topoi/a/sPxG4WzXp5NzrkFysygkSfS/?format=pdf&lang=pt. Acesso em 28 jun. 2021

BITENCOURT, Cezar Roberto. **Falência da pena de prisão: causas e alternativas**, São Paulo: Saraiva, 4ª ed., 2ª tir., 2012

BLOY, Marjie. The 1601 Elizabethan Poor Law. The **Victorian Web** [online]. Disponível em http://www.victorianweb.org/history/poorlaw/elizpl.html. Acesso em 23 mar. 2020

BOXER, Charles R. **O Império Marítimo Português (1415-1825)**, São Paulo: Companhia das Letras, 2002

BRASIL. Câmara dos Deputados. Centro de Documentação e Informação. **CPI Sistema Carcerário**. Brasília, 2009. p. 247. Disponível em http://bd.camara.gov.br/bd/bitstream/handle/bdcamara/2701/cpi_sistema_carc erario.pdf. Acesso em 1 jul. 2021

BRASIL. Conselho Nacional de Justiça. **Calculando custos prisionais [recurso eletrônico]: panorama nacional e avanços necessários**. Série Fazendo Justiça. Coleção Gestão e Temas Transversais, Conselho Nacional de Justiça, Programa das Nações Unidas para o Desenvolvimento, Departamento Penitenciário Nacional; coordenação de Luís Geraldo Sant'Ana Lanfredi ... [et al.]. Brasília: Conselho Nacional de Justiça, 2021. Disponível em https://www.cnj.jus.br/wp-content/uploads/2021/11/calculando-custos-prisionais-panorama-nacional-e-avancos-necessarios.pdf. Acesso em 11 fev. 2022

BRASIL. Conselho Nacional de Justiça. **Recomendação nº 62 de 17.03.2020.** Acessível em https://www.cnj.jus.br/wp-content/uploads/2020/03/62-Recomenda%C3%A7%C3%A3o.pdf. Acesso em 28 jun. 2021

BRASIL. **Constituição Política do Império do Brazil (de 25 de março de 1824)**. Constituição Política do Império do Brasil, elaborada por um Conselho de Estado e outorgada pelo Imperador D. Pedro I, em 25.03.1824. Disponível em http://www.planalto.gov.br/ccivil_03/constituicao/constituicao24.htm. Acesso em 13 jun. 2020

BRASIL. **Decreto de 1º de setembro de 1860** (Providencia sobre o processo nos crimes do furto de gado vacum, cavalar e outros). Coleção das Leis do Imperio do Brazil. Rio de Janeiro: Typographia Nacional/Imprensa Nacional. [s.d.]. Disponível em https://www2.camara.leg.br/atividade-legislativa/legislacao/colecao-anual-de-leis. Acesso em 5 ago. 2020

BRASIL. **Decreto de 20 de dezembro de 1865** (Regula o modo por que deve ser prestado o depoimento da testemunha, que não puder comparecer ante algum Tribunal militar para ser inquirida em qualquer processo, ou que tenha de ausentar-se antes de instalado o Conselho de investigação, ou de guerra a que deva comparecer, ou que se receie já não exista no tempo em que tenha de ser inquirida; fazendo extensivas as mesmas disposições ao caso, em que, na forma da legislação em vigor, cabe aos réus produzir testemunhas). Coleção das Leis do Imperio do Brazil. Rio de Janeiro: Typographia Nacional/Imprensa Nacional. [s.d.]. Disponível em https://www2.camara.leg.br/atividade-legislativa/legislacao/colecao-anual-de-leis. Acesso em 5 ago. 2020

BRASIL. **Decreto de 23 de outubro de 1875** (Dá força de lei no Império a assentos da Casa de Suplicação de Lisboa e competência ao Supremo Tribunal de Justiça para tomar outros). Coleção das Leis do Imperio do Brazil. Rio de Janeiro: Typographia Nacional/Imprensa Nacional. [s.d.]. Disponível em https://www2.camara.leg.br/atividade-legislativa/legislacao/colecao-anual-de-leis. Acesso em 5 ago. 2020

BRASIL. **Decreto de 7 de julho de 1883**. Providencia sobre o julgamento de vários crimes, derrogados os Decretos nº 562 de 22 de julho de 1850 e 1090 de 1º de setembro de 1860. Coleção das Leis do Imperio do Brazil. Rio de Janeiro: Typographia Nacional/Imprensa Nacional. [s.d.]. Disponível em https://www2.camara.leg.br/atividade-legislativa/legislacao/colecao-anual-de-leis. Acesso em 5 ago. 2020

BRASIL. **Decreto do Conselho de Ministros nº 1.490 de 8 de novembro de 1962**. Altera e unifica os Decretos números 50.924, de 6 de julho de 1961, 51.005, de 20 de julho de 1961, e 917, de 26 de abril de 1962, que dispõe sobre a Comissão de Estudos Legislativos do Ministério da Justiça e Negócios Interiores. Disponível em http://www2.camara.leg.br/legin/fed/decmin/1960-1969/decretodoconselhodeministros-1490-8-novembro-1962-352031-publicacaooriginal-1-pe.html. Acesso em 1 nov. 2020

BRASIL. **Decreto nº 2.745 de 13 de fevereiro de 1861**. Crêa o Instituto dos Menores Artesãos da Casa de Correção, e dá-lhe Regulamento. Disponível em https://www2.camara.leg.br/legin/fed/decret/1824-1899/decreto-2745-13-

fevereiro-1861-556073-publicacaooriginal-75727-pe.html. Acesso em 1 jul. 2021

BRASIL. **Decreto n° 22.213 de 14 de dezembro de 1932**. Aprova a Consolidação as Leis Penais, da autoria do Sr. Desembargador Vicente Piragibe. Disponível em < http://www6.senado.gov.br/legislacao/ListaPublicacoes.action?id=42869> Acesso em 26 ago. 2020

BRASIL. **Decreto n° 3.647 de 23 de abril de 1900**. Dá novo regulamento á Casa de Correção da Capital Federal. Disponível em https://www2.camara.leg.br/legin/fed/decret/1900-1909/decreto-3647-23-abril-1900-517511-publicacaooriginal-1-pe.html. Acesso em 29 jun. 2021

BRASIL. **Decreto n° 562 de 2 de julho de 1850** (Marca os crimes que devem ser processados pelos Juízes Municipais e julgados pelos Juízes de Direito). Coleção das Leis do Imperio do Brazil. Rio de Janeiro: Typographia Nacional/Imprensa Nacional. [s.d.]. Disponível em https://www2.camara.leg.br/atividade-legislativa/legislacao/colecao-anual-de-leis. Acesso em 5 ago. 2020

BRASIL. **Decreto n° 609 de 18 de agosto de 1851** (Declara o Tribunal pelo qual devem ser processados e julgados os Arcebispos e Bispos do Império, nas causas que não forem puramente espirituais). Coleção das Leis do Imperio do Brazil. Rio de Janeiro: Typographia Nacional/Imprensa Nacional. [s.d.]. Disponível em https://www2.camara.leg.br/atividade-legislativa/legislacao/colecao-anual-de-leis. Acesso em 5 ago. 2020

BRASIL. **Decreto n° 678 de 6 de julho de 1850**. Dá Regulamento para a Casa de Correção do Rio de Janeiro. Disponível em http://www2.camara.leg.br/legin/fed/decret/1824-1899/decreto-678-6-julho-1850-560002-publicacaooriginal-82510-pe.html. Acesso em 1 jul. 2021

BRASIL. **Decreto n° 774 de 20 de setembro de 1890** Declara abolida a pena de galés, reduz a 30 anos as penas perpétuas, manda computar a prisão preventiva na execução e estabelece a prescrição das penas. Coleção das Leis do Imperio do Brazil. Rio de Janeiro: Typographia Nacional/Imprensa Nacional. [s.d.]. Disponível em https://www2.camara.leg.br/atividade-legislativa/legislacao/colecao-anual-de-leis. Acesso em 5 ago. 2020

BRASIL. **Decreto nº 8.296 de 13 de outubro de 1910**. Approva o novo regulamento para Casa de Correção da Capital Federal. Disponível em http://www2.camara.leg.br/legin/fed/decret/1910-1919/decreto-8296-13-outubro-1910-509424-publicacaooriginal-1-pe.html. Acesso em 29 jun. 2021

BRASIL. **Decreto nº 8.386 de 14 de janeiro de 1882**. Dá novo Regulamento para a Casa de Correção da Côrte. Disponível em https://www2.camara.leg.br/legin/fed/decret/1824-1899/decreto-8386-14-janeiro-1882-544928-norma-pe.html. Acesso em 1 jul. 2021

BRASIL. **Decreto-Lei 1.004 de 21 de outubro de 1969**. Código Penal. D.O.U. de 21.10.1969. Disponível em http://www2.camara.leg.br/legin/fed/declei/1960-1969/decreto-lei-1004-21-outubro-1969-351762-publicacaooriginal-1-pe.html. Acesso em 1 nov. 2020

BRASIL. **Decreto-Lei nº 2.848, de 7 de dezembro de 1940**. Exposição de Motivos, n.31. Disponível em https://www2.camara.leg.br/legin/fed/declei/1940-1949/decreto-lei-2848-7-dezembro-1940-412868-exposicaodemotivos. Acesso em 26 ago. 2020

BRASIL. **Exposição de Motivos do Decreto-Lei nº 2.848, de 7 de dezembro de 1940**

BRASIL. **Lei 4.595 de 31 de dezembro de 1964**. Dispõe sobre a Política e as Instituições Monetárias, Bancárias e Creditícias, cria o Conselho Monetário Nacional e dá outras providências. D.O.U. de 31.01.1965. Disponível em <http://www.planalto.gov.br/ccivil_03/leis/l4595.htm>. Acesso em 17 set. 2020

BRASIL. **Lei 7.209 de 11 de julho de 1984**. Altera dispositivos do Decreto-Lei 2.848 de 7 de dezembro de 1940 – Código Penal, e dá outras providências. Disponível em

<http://www.camara.gov.br/internet/InfDoc/novoconteudo/legislacao/republic
a/LeisOcerizadas/Leis1984v5.pdf>. Acesso em 22 mar. 2020

BRASIL. **Lei 7.209 de 11 de julho de 1984. Exposição de Motivos da Nova
Parte Geral do Código Penal**

BRASIL. **Lei de 16 de dezembro de 1830**. Código Criminal do Império.
Publ. 8 jan. 1831 Disponível em
http://www.planalto.gov.br/ccivil_03/leis/lim/lim-16-12-1830.htm Acesso em
12 jul. 2020

BRASIL. **Lei de 18 de setembro de 1851** (Determina as penas e o processo
para alguns crimes militares). Coleção das Leis do Imperio do Brazil. Rio de
Janeiro: Typographia Nacional/Imprensa Nacional. [s.d.]. Disponível em
https://www2.camara.leg.br/atividade-legislativa/legislacao/colecao-anual-de-
leis. Acesso em 5 ago. 2020

BRASIL. **Lei de 29 de novembro de 1832. Código do Processo Criminal de
Primeira Instância.** Disponível em
http://www.planalto.gov.br/ccivil_03/leis/lim/lim-29-11-1832.htm. Acesso em
12 jul. 2020

BRASIL. **Lei de 4 de agosto de 1875** (Providencia sobre o processo e
julgamento de crimes que forem cometidos em país estrangeiro contra o Brasil
e os brasileiros). Coleção das Leis do Imperio do Brazil. Rio de Janeiro:
Typographia Nacional/Imprensa Nacional. [s.d.]. Disponível em
https://www2.camara.leg.br/atividade-legislativa/legislacao/colecao-anual-de-
leis. Acesso em 5 ago. 2020

BRASIL. **Lei nº 261 de 3 de dezembro de 1841** (Reformando o Código de
Processo Criminal); Coleção das Leis do Imperio do Brazil. Rio de Janeiro:
Typographia Nacional/Imprensa Nacional. [s.d.]. Disponível em
https://www2.camara.leg.br/atividade-legislativa/legislacao/colecao-anual-de-
leis. Acesso em 5 ago. 2020

BRASIL. **Lei nº 261, de 3 de dezembro de 1841**. Reformando o Codigo do
Processo Criminal. Disponível em

http://www.planalto.gov.br/ccivil_03/Leis/LIM/LIM261.htm. Acesso em 12 jul. 2020

BRASIL. **Lei nº 3.310 de 15 de outubro de 1886**. Revoga o art. 60 do Codigo Criminal e a Lei n. 4 de 10 de Junho de 1835, na parte em que impoem a pena de açoutes. Disponível em http://www.planalto.gov.br/ccivil_03/leis/lim/LIM3310.htm. Acesso em 2 ago. 2020

BRASIL. **Lei nº 581 de 4 de setembro de 1850** (Estabelece medidas para a repressão do tráfico de africanos neste Império). Coleção das Leis do Imperio do Brazil. Rio de Janeiro: Typographia Nacional/Imprensa Nacional. [s.d.]. Disponível em https://www2.camara.leg.br/atividade-legislativa/legislacao/colecao-anual-de-leis. Acesso em 5 ago. 2020

BRASIL. Ministério do Império. **Relatório da Repartição dos Negócios da Justiça de 1832, apresentado a Assembléia Geral Legislativa em maio de 1833 pelo Ministro Honório Hermeto Carneiro Leão**. Disponível em http://bndigital.bn.br/acervo-digital/brasil-ministerio-imperio/720968. Acesso em 1 jul. 2021

BRASIL. Ministério do Império. **Relatório da Repartição dos Negócios da Justiça de 1833, apresentado a Assembléia Geral Legislativa em maio de 1834 pelo Ministro Aureliano de Souza e Oliveira Coutinho**. Rio de Janeiro: Tipografia Nacional, 1834. p. 19 e 20. Disponível em http://bndigital.bn.br/acervo-digital/brasil-ministerio-imperio/720968. Acesso em 1 jul. 2021

BRASIL. Ministério da Justiça, Departamento Penitenciário Nacional, Conselho Nacional de Política Criminal e Penitenciária. **Resolução nº 6 de 29.06.2012**. Acesso em https://www.gov.br/depen/pt-br/composicao/cnpcp/resolucoes/2012/resolucao-no-6-de-29-de-junho-de-2012.pdf/view. Disponível em 23 mar. 2021

BRASIL. Ministério da Justiça, Departamento Penitenciário Nacional. **Levantamento Nacional de Informações Penitenciárias**. Jul. a Dez. 2021.

Acessível em https://www.gov.br/depen/pt-br/servicos/sisdepen. Acesso em 11 fev. 2022

BRASIL. Ministério da Justiça. Secretária de Assuntos Legislativos. **SISPENAS.** Disponível em < https://revistajuridica.presidencia.gov.br/index.php/saj/article/view/235/224 > Acesso em 2 nov. 2021

BRASIL. Senado Federal. **Relatório da Comissão Parlamentar de Inquérito criada pela Resolução do Senado Federal nº 1, de 1980 destinada a examinar a violência urbana, suas causas e consequências**, Relator: Senador Murilo Badaró, p. 55 e ss. Disponível em http://www.senado.gov.br/atividade/materia/getPDF.asp?t=66908&tp=1. Acesso em 20 jun. 2021

BRASIL. Supremo Tribunal Federal. *Habeas Corpus*, HC 191464 AgR, Relator(a): Roberto Barroso, Julgamento: 11/11/2020. Disponível em https://jurisprudencia.stf.jus.br/pages/search?base=acordaos&pesquisa_inteiro _teor=false&sinonimo=true&plural=true&radicais=false&buscaExata=true&p age=2&pageSize=10&queryString=ANPP%20retroatividade&sort=date&sort By=desc. Acesso 9 mai. 2021

BRUNO, Aníbal. **Direito Penal**, Parte Geral, Tomo I, Rio de Janeiro:Forense, 1978

BUENO, Eduardo. **A coroa, a cruz e a espada. Lei, ordem e corrupção no Brasil Colônia. 1548-1558**. Volume IV, Coleção Terra Brasilis, Rio de Janeiro : Objetiva, 2006

_____. **Capitães do Brasil. A saga dos primeiros colonizadores**. Volume III, Coleção Terra Brasilis, Rio de Janeiro: Objetiva, 1999

BULLA, Beatriz. Ministro da Justiça preferiria morrer a cumprir pena em presídio brasileiro. **Estadão**, São Paulo, 14 nov.2012. Disponível em https://sao-paulo.estadao.com.br/noticias/geral,ministro-da-justica-preferiria-morrer-a-cumprir-pena-em-presidio-brasileiro-imp-959990. Acesso em 12 jul. 2020

CALDEIRA, Jorge. **História da Riqueza no Brasil**, [recurso eletrônico], Rio de Janeiro: Estação Brasil, 2017

CARLIER, Christian; RENNEVILLE, Marc. **Histoire des prisons en France — De l'Ancien Régime à la Restauration**, Musée Criminocorpus, le 18 juin 2007, Disponível em: https://criminocorpus.org/fr/ref/25/16933/ Acesso em 23 abr. 2020

CARVALHO, Jailton. Ministro admite: "A situação é calamitosa". **O Globo**, 9 set. 2003, Matutina, Rio, p. 12. Disponível em https://acervo.oglobo.globo.com/consulta-ao-acervo/?navegacaoPorData=200020030909. Acesso em 12 jul. 2020

CASTELLO BRANCO, Antonio D'Azevedo. **Estudos Penitenciarios e Criminaes**, Lisboa:Casa Portugueza, 1888. Disponível em https://www.fd.unl.pt/Anexos/Investigacao/2224.pdf. Acesso em 5 jul. 2020

CERÉ, Jean-Paul. **La Prison**. Connaissance du droit, Paris:Dalloz, 2007

CEREZO MIR, José. Direito Penal e Direitos Humanos: experiência espanhola e europeia. **Revista Brasileira de Ciências Criminais**, ano 2, número 6. São Paulo: Revista dos Tribunais, 1994

CID MOLINÉ, José e LARRAURI PIJOAN, Elena. **Penas alternativas a la prisión**, Barcelona: Bosch, 1997

COATES, Timothy J. **Degredados e Órfãs: Colonização dirigida pela Coroa no Império Português, 1550-1755.** Lisboa: Comissão Nacional para as Comemorações dos Descobrimentos Portugueses, 1998

COSTA, Álvaro Mayrink da. **Direito Penal**, Parte Geral, Volume I, 8ª ed. corrigida, ampliada e atualizada, Rio de Janeiro:Forense, 2009

COTTA, Francis Albert. **Entendendo a legislação portuguesa do século XVII. Subsídios para o entendimento do arcabouço formal da legislação portuguesa no século XVII.** [s.l.] [s.d.] Disponível em <

http://www.fafich.ufmg.br/pae/apoio/subsidiosparaoentendimentodoarcabouco formaldalegislacaoportuguesa.pdf> Acesso em 5 mai. 2020

CUNHA, Mafalda Soares da. e NUNES, Antônio Castro. Territorialização e Poder na América Portuguesa. A Criação de Comarcas, Séculos XVI-XVIII. **Tempo** (Niterói, online) | Vol. 22 n. 39. p.001-030, jan.- abr., 2016. Disponível em https://www.scielo.br/j/tem/a/CJNkhbpTtHTrNDHHBvBQv7r/?lang=pt#. Acesso em 13 jun. 2020

DIAS, João José Alves. **Ordenações Manuelinas. Livro I a V**. Reprodução em fac-símile da edição de Valentim Fernandes (Lisboa, 1512-1513). Lisboa : Centro de Estudos Históricos da Universidade Nova de Lisboa, 2002. Disponível em < http://ww3.fl.ul.pt/biblioteca/biblioteca_digital/docs/res222.pdf> Acesso em 4 jul. 2021

DAWSON, Christopher. **A Divisão da Cristandade. Da Reforma Protestante à Era do Iluminismo**. São Paulo:É Editora, 2014

DIAS, Jorge de Figueiredo. **Direito Penal**, Parte Geral, Tomo I, 1ª ed.bras. e 2ª ed.port., São Paulo : Revista dos Tribunais, 2007, p. 61

DOTTI, René Ariel. **Curso de Direito Penal**. Parte Geral, 2ª ed., Rio de Janeiro:Forense, 2004

_____. **Bases alternativas para o sistema de penas**, São Paulo:Revista dos Tribunais, 1998

FRANCE [França]. **Code Pénal**. Du 25 septembre a 6 octobre 1791 (Texte intégral original). Disponível em https://ledroitcriminel.fr/la_legislation_criminelle/anciens_textes/code_penal_25_09_1791.htm. Acesso em 23 mar. 2020

FRANCO, Elias. Brasil deve ter déficit de trabalhadores qualificados até 2023, aponta pesquisa. **CNN Brasil**. 5 jul. 2021. Disponível em https://www.cnnbrasil.com.br/business/brasil-deve-ter-deficit-de-trabalhadores-qualificados-ate-2023-aponta-pesquisa/. Acesso em 6 jul. 2021

GAUER, Ruth Maria Chittó. **Criminologia e Sistemas Jurídico-Penais II**, Porto Alegre:EDIPUCRS, 2010

GARCÍA VALDÉs. Carlos (Dir.). **Historia de la Prisión. Teorías Economicistas. Crítica**. Boadilla del Monte: Edisofer, 1997

GONÇALVES, Flávia Maíra de Araújo. **Cadeia e Correção: sistema prisional e população carcerária na cidade de São Paulo (1830-1890)**. Dissertação de Mestrado. São Paulo:USP, 2010, p. 31-32. Disponível em < http://www.teses.usp.br/teses/disponiveis/8/8138/tde-03032011-125035/pt-br.php> Acesso em 2 out. 2020

GUDÍN RODRÍGUEZ–MAGARIÑOS, Faustino. **Carcél Electrónica. Bases para la Creación del Sistema Penitenciario del Siglo XXI**. Numero 72, Colección Los Delitos. Valencia:Tirant Lo Blanch, 2007

HOEFER, Friedrich. George Michael Von Obermaier. A Pioneer in Reformatory Frocedures. Summer 1937. **Journal of Criminal Law and Criminology**. v. 28. Issue 1 *May-June* Article 3. Northwestern University. [s.d]. Disponível em https://scholarlycommons.law.northwestern.edu/cgi/viewcontent.cgi?article=2701&context=jclc. Acesso em 1 jul. 2021

FERREIRA, Aurélio Buarque de Holanda. **Novo Dicionário Aurélio século XXI: o dicionário da língua portuguesa**. Rio de Janeiro:Nova Fronteira, 1999.

HUBERMAN, Leo. **História da Riqueza do Homem**, 21ª edição, Rio de Janeiro: Guanabara,1986

HULSMAN, Louk; DE CELLIS, Jacqueline Bernat. **Penas Perdidas: o Direito Penal em questão**. Trad. Maria Lucia Karam. Niterói:Luam, 1993

IMPERIO DO BRAZIL. **Carta de Lei de 25 de março de 1824**. Manda observar a Constituição Politica do Imperio, offerecida e jurada por Sua Magestade o Imperador. 1824, Parte 1ª, Rio de Janeiro:Imprensa Nacional, 1886. Disponível em https://www2.camara.leg.br/atividade-legislativa/legislacao/colecao-anual-de-leis/copy_of_colecao2.html. Acesso em 13 jun. 2020

KELLING, George L.; WILSON, James Q.. Broken Windows.The police and neighborhood safety. Mar. 1982, **The Atlantic**. Disponível em https://www.theatlantic.com/magazine/archive/1982/03/broken-windows/304465/. Acesso em 9 mai. 2020

LARA, Silvia Hunold (Org.). **Ordenações Filipinas. Livro V**. Retratos do Brasil, n.16, São Paulo:Companhia das Letras, 1999

LINS E SILVA, Evandro. De Beccaria a Filippo Gramatica. In: ARAÚJO JÚNIOR. João Marcello. **Sistema penal para o terceiro milênio: atos do colóquio Marc Ancel**. Rio de Janeiro:Revan, 1991

LISTWAN. Shelley Johnson. **Cost-effectiveness of Prisons**, Justice Action, Australia. 2013. Disponível em https://www.justiceaction.org.au/prisons/what-is-prison-about/204-prisons/failures-of-imprisonment/costeffectiveness-of-prisons. Acesso em 6 jul. 2021

LÓPEZ MELERO, Montserrat. **Evolución de los Sistemas Penitenciarios y de la Ejecución Penal**. Anuario Facultad de Derecho. Universidad de Alcalá V, 2012, p. 422. Disponível em https://ebuah.uah.es/dspace/handle/10017/13803. Acesso em 29 abr. 2020

LORCY, Maryvonne. L'évolution des conceptions de la peine privative de liberté. **Cahiers de la Recherche sur les Droits Fondamentaux**, n. 3, Caen:Presse Universitaires de Caen, 2004, p. 13. Disponível em https://journals.openedition.org/crdf/7431. Acesso em 23 mar. 2020 **Recherche sur les Droits Fondamentaux**, n. 3, Caen:Presse Universitaires de Caen, 2004, p. 13. Disponível em https://journals.openedition.org/crdf/7431. Acesso em 23 mar. 2020

LUCHETI, Nayara Vignol. Impressões sobre a Cadeia Velha (1750-1808). **Aedos**, Porto Alegre, v. 9, n. 20, Ago. 2017, p. 182-206

LYRA, Roberto. **Comentários ao Código Penal** (Decreto- lei nº 2.848, de 7 de dezembro de 1940), Volume II, artigos 28 a 74, 2ª edição, Rio de Janeiro:Forense, 1958

MACHADO, Alcântara. **Projeto do Código Criminal Brasileiro**. São Paulo: Revista dos Tribunais, 1938

MAIA, Clarissa Nunes et al.(Org.). **História das Prisões no Brasil**. Volume I, Rio de Janeiro : Rocco, 2009

MATOS, Gregório de. **Epílogos**. [s.d.] [s.l.]. Disponível em http://www.jornaldepoesia.jor.br/gregoi01.html.

McLAUGHLIN, Eugene; MUNCIE, John; HUGHES, Gordon (Ed.) **Criminological Perspectives. Essential Readings**, 2nd ed., 2009

MELOSSI, Dario e PAVARINI, Massimo. **Cárcere e fábrica. As origens do sistema penitenciário (séculos XVI – XIX)**. Coleção Pensamento Criminológico, Rio de Janeiro: Instituto Carioca de Criminologia/Revan, 2006

MENDES, Nelson Pizzotti. A Nova Defesa Social: verificação da obra de Marc Ancel. **Justitia** [s.n.] Ministério Público do Estado de São Paulo, [s.d.] p. 9-27

MIR PUIG, Santiago. **Introducción a las bases del Derecho Penal**, 2ª ed., Montevideo:B de F, Buenos Aires: Euros, 2007

_____. **Funcion de la pena y teoria del delito en el estado social y democratico de derecho**. 2ª ed., Barcelona:Bosch, 1982

MORAES, Evaristo de. **Prisões e Instituições Penitenciárias no Brazil**. Rio de Janeiro: Livraria Editora Conselheiro Candido de Oliveira, 1923. Disponível em http://cesimadigital.pucsp.br/handle/bcd/5232?locale-attribute=en. Acesso em 1 jul. 2021

MORRIS, Norval. **Maconochie's Gentlemen: the story of Norfolk Island & the roots of modern prison reform**. New York:Oxford University Press, 2002

MORRIS, Norval and ROTHMAN, David J. (Org.) **The Oxford History of the Prison. The Practice of Punishment in Western Society**. New York: Oxford University Press, 1998

MOTTA, Manoel Barros da. **Crítica da Razão Punitiva: Nascimento da Prisão no Brasil**, Rio de Janeiro:Forense Universitária, 2011

NADALIN, Sérgio Odilon. A população no passado colonial brasileiro: mobilidade *versus* estabilidade. **Topoi**, Rio de Janeiro: IFCS/UFRJ, Volume 4, nº 7, jul./dez. 2003, pp. 225. Disponível em < https://doi.org/10.1590/2237-101X004007002 > Acesso em 27 abr. 2020

NASCIMENTO, Renata Cristina de Sousa. As Cortes Portuguesas durante o governo de D. Afonso V. In: CONGRESSO INTERNACIONAL DE HISTÓRIA DA UFG/JATAÍ, 2009, Jataí (GO), **Anais do II Congresso Nacional de História da UFG/Jataí – História e Mídia**. Jataí: CAJ, 2009. Disponível em < https://revistas.ufg.br/Opsis/issue/view/887> Acesso em 4 jul. 2021

NOVINSKY, Anita Waingort. **A Inquisição**. Tudo é História, n. 49, 3ª ed., São Paulo:Brasiliense, 1985

NORONHA, Fabrícia Rúbia G.S.. O Império dos Indesejáveis: uma análise do degredo e da punição no Brasil império. **Em tempo de Histórias**, nº 8, Brasília: UnB,   2004,   p.6.   Disponível   em https://periodicos.unb.br/index.php/emtempos/article/download/20123/18531/34741 Acesso em 30 set. 2020

OLIVEIRA, Maria José. O dia em que os judeus foram expulsos de Portugal. **Observador**, 29 dez. 2016. Disponível em https://observador.pt/especiais/o-dia-em-que-os-judeus-foram-expulsos-de-portugal. Acesso em 1 jul. 2021

PASCOAL, Janaina Conceição. **Constituição, criminalização e Direito Penal Mínimo**, São Paulo:Revista dos Tribunais, 2003

PETERS, Edward M. Prison before the Prison. In: MORRIS, Norval and ROTHMAN, David J. (Org.) **The Oxford History of the Prison. The Practice of Punishment in Western Society**. New York: Oxford University Press, 1998

PORTUGAL. **Leis extravagantes colligidas e relatadas pelo licenciado Duarte Nunes de Leão por mandado do muito poderoso rei dom Sebastião nosso senhor.** Coimbra:Real Imprensa da Universidade, 1796 [1ª ed. Lisboa: Antônio Gonçalves, 1569], pp. 615, 617 a 620, 622 a 624. Disponível em http://www1.ci.uc.pt/ihti/proj/filipinas/l4pa1066.htm. Acesso em 2 jul. 2021

QUAKER. **A gateway to Quakerism**. Disponível em http://www.quakerinfo.org/index. Acesso em 1 jul. 2021

RANGEL, Leyla Castello Branco. Quadro comparativo do Código Penal de 1940 e 1969. **Revista de Informação Legislativa**, v. 6, n. 24, p. 171-425, out./dez. 1969. Disponível em http://www2.senado.leg.br/bdsf/handle/id/224149. Acesso em 23 mar. 2020

REMÉDIOS, J. Mendes dos. **Os judeus em Portugal,** Coimbra:F. França Amado, 1895, p. 324 e ss.

RIBEIRO, Marcelle. Ministro diz que prefere morrer a passar anos em cadeias brasileiras. **O Globo**. Rio de Janeiro, 13 nov. 2012. Disponível em < http://oglobo.globo.com/pais/ministro-diz-que-prefere-morrer-passar-anos-em-cadeias-brasileiras-6718740> Acesso em 1 jul. 2021

RIO DE JANEIRO. Tribunal de Justiça do Estado do Rio de Janeiro. **Unidades Prisionais**. Disponível em http://gmf.tjrj.jus.br/unidades-prisionais. Acesso em 13 jul. 2021

ROIG, Rodrigo Duque Estrada. **Direito e Prática Histórica da Execução Penal no Brasil**, Rio de Janeiro:Revan, 2005

ROMEIRO, Adriana. **Corrupção e Poder no Brasil. Uma história, séculos XVI a XVIII**. Coleção História e Historiografia. Belo Horizonte:Autêntica, 2017

ROTHYELL, Shaun. **The Origin of "Bridewell"**, 2012. Liverpool City Police. Disponível em < http://liverpoolcitypolice.co.uk/#/main-bridewell/4552047916> Acesso em 25 jul. 2021

ROXIN, Claus. **Derecho Penal**. Parte General, trad. de Luzón Peña *et alii*, Madrid: Civitas, 1997

RUSCHE, Georg; e KIRCHHEIMER, Otto. **Pena y Estructura Social**. Trad. Emilio García-Méndez. Colección Pensamiento Jurídico Contemporáneo. Bogotá:Temis, 1984

_____. **Punição e Estrutura Social**. Coleção Pensamento Criminológico, Volume 3, Rio de Janeiro:Instituto Carioca de Criminologia/Revan, 2004

SANTA CATARINA. Poder Judiciário. Corregedoria Geral da Justiça. Assessoria de Custas. **Histórico das Alterações da Moeda Nacional.** Disponível em https://www.tjsc.jus.br/documents/728949/1224441/Hist%C3%B3rico+das+al tera%C3%A7%C3%B5es+da+moeda+nacional/df4b12ce-b416-453a-8809-49d5c0f20fa7 Acesso em 23 out. 2021

SANTOS, Bartira Macedo de Miranda. **As Ideias de Defesa Social no Sistema Penal Brasileiro: entre o garantismo e a repressão (de 1890 a 1940)**. Tese de Doutorado. Pontifícia Universidade Católica de São Paulo - PUC/SP, 2010. Disponível em https://repositorio.pucsp.br/jspui/handle/handle/13235. Acesso em 14 out. 2020

SANTOS, Juarez Cirino. **Direito Penal**. Parte Geral, 2ª ed. rev. e ampl., Rio de Janeiro:Lumen Juris/ICPC, 2007

SANZ DELGADO, Enrique. Los orígenes del sistema penitenciario español: Abadía y Montesinos. In: TERRADILLOS BASOCO, Juan Maria (Coord.). **Marginalidad, cárcel, las "otras" creencias: primeros desarrollos jurídicos de "La Pepa"**. Departamento de Fundamentos del Derecho y Derecho Penal, Universidad de Alcalá. Cádiz: Servicio de Publicaciones de la Diputación de Cádiz, 2008, p. 122. Disponível em https://dialnet.unirioja.es/servlet/articulo?codigo=3117422. Acesso em 29 mar. 2020

SECCO, António Luís de Sousa Henriques (1822 - 1892), **Elementos de Direito Criminal**, 1872-1876. Reimpressão fac-similar. Disponível em https://pt.scribd.com/document/230247957/Antonio-Luis-de-Sousa-Henriques-Seco-1822-1892-Elementos-de-Direito-Criminal-1872-1876. Acesso em 7 jul. 2020

SELLIN, Thorsten. Filippo Franci. A Precursor of Modern Penology. A Historical Note. **Journal of the American Institute of Criminal Law and Criminology**, Vol. 17, No. 1 (May, 1926), pp. 104-112. Northwestern University. Disponível em http://www.jstor.org/stable/1134308?origin=JSTOR-pdf. Acesso em 28 mar. 2020

SHECAIRA, Sérgio Salomão. Tolerância Zero. **Revista Brasileira de Ciências Criminais**, v.17, n.77, p.261-280, 2009, São Paulo:IBCCrim

SILVA, Camila Rodrigues da (et al.). Com 322 encarcerados a cada 100 mil habitantes, Brasil se mantém na 26ª posição em ranking dos países que mais prendem no mundo. Monitor da Violência. G1. **Globo**, 17.05.2021. Disponível em https://g1.globo.com/monitor-da-violencia/noticia/2021/05/17/com-322-encarcerados-a-cada-100-mil-habitantes-brasil-se-mantem-na-26a-posicao-em-ranking-dos-paises-que-mais-prendem-no-mundo.ghtml Acesso em 17.05.2021

SILVA SÁNCHEZ, Jesús María. **A expansão do Direito Penal: aspectos da política criminal nas sociedades pós-industriais**, Volume 11, Trad. Luiz

Otavio de Oliveira Rocha, São Paulo: Revista dos Tribunais, 2002. Série As Ciências Criminais no Século XXI

SILVESTRONI, Mariano H. **Teoría constitucional del delito**, Buenos Aires:Editores del Puerto, 2004

SOARES, Luiz Eduardo; GUINDANI, Miriam. Muita lenha na fogueira. **O Globo**. 21 mai. 2006, p. 12. Disponível em http://www2.senado.leg.br/bdsf/handle/id/400283. Acesso em 1 jul. 2021

SOUZA, Artur de Brito Gueiros. **Presos estrangeiros no Brasil. Aspectos Jurídicos e Criminológicos**. Rio de Janeiro:Lumen Juris, 2007

THOMPSON, Augusto. **Escorço Histórico do Direito Criminal Luso-Brasileiro**. São Paulo:Revista dos Tribunais, 1976

VIOTTI DA COSTA, E. (2012). Primeiros povoadores do Brasil: o problema dos degredados. **T.E.X.T.O.S DE H.I.S.T.Ó.R.I.A. Revista do Programa de Pós-Graduação em História da UnB.**, 6(1-2), 77–100. Recuperado de https://periodicos.unb.br/index.php/textos/article/view/27778. Acesso em 23 jul. 2020

VON LIZST, Franz. **Tratado de Direito Penal Allemão**. Tomo I, Trad. José Hygino Duarte Pereira, Rio de Janeiro: F. Briguiet & C., 1899, fac símile. Campinas:Russel, 2003

WOLKMER, Antônio Carlos. **Fundamentos de História do Direito**, 3ª ed. rev. e atual., Belo Horizonte:Del Rey, 2006

_____ **História do Direito no Brasil**, 3ª edição, Rio de Janeiro:Forense, 2002

Made in the USA
Columbia, SC
07 January 2023

74474382R00120